漫谈数字化转型

从底层逻辑到实践应用

闫雅隽　荆　娟　著

企业管理出版社
ENTERPRISE MANAGEMENT PUBLISHING HOUSE

图书在版编目（CIP）数据

漫谈数字化转型：从底层逻辑到实践应用 / 闫雅隽，荆娟著. -- 北京：企业管理出版社，2024.8. -- ISBN 978-7-5164-3101-6

Ⅰ. F272.7

中国国家版本馆CIP数据核字第20244YE269号

书　　名	漫谈数字化转型：从底层逻辑到实践应用
书　　号	ISBN 978-7-5164-3101-6
作　　者	闫雅隽　荆　娟
选题策划	周灵均
责任编辑	张　羿　周灵均
出版发行	企业管理出版社
经　　销	新华书店
地　　址	北京市海淀区紫竹院南路17号　邮　编：100048
网　　址	http://www.emph.cn　电子信箱：2508978735@qq.com
电　　话	编辑部（010）68456991　发行部（010）68701816
印　　刷	河北宝昌佳彩印刷有限公司
版　　次	2024年8月第1版
印　　次	2024年8月第1次印刷
开　　本	710mm×1000mm　1/16
印　　张	13.75
字　　数	170千字
定　　价	68.00元

版权所有　翻印必究·印装有误　负责调换

联合推荐

在当今数字经济快速发展的时代,数字技术的进步和创新正在重塑我们的消费、产业乃至企业管理,数字化转型已经成为所有企业生存和发展的关键。闫雅隽和荆娟作为多年来奋斗在一线的、企业数字化转型前沿的工作者,具有丰富的企业数字化转型售前、咨询、实施实战经验。

在《漫谈数字化转型:从底层逻辑到实践应用》一书中,她们化繁为简,用通俗易懂、简洁诙谐的描述,系统地向大家介绍了企业数字化转型过程中对于管理软件基础概念、系统功能、业务逻辑、流程构建,乃至新质生产力和数据要素的一些实用管理认知和落地见解。本书对于普及数字化转型的基础知识、更好地推动和实践企业数字化转型有很好的借鉴意义。我强烈推荐这本书给所有追求知识、渴望进步的企业家朋友,通过阅读本书,您能够全面了解数字化领域的知识和实践应用。让我们一起在数字化的浪潮中勇往直前,创造更加美好的未来!

——金蝶软件(中国)有限公司/中型企业事业部总裁

林法成

在当前制造企业的数字化转型过程中，企业面临着技术变革带来的巨大挑战和机遇，然而许多企业在选择和导入信息化系统时常常陷入困惑，甚至走入误区。针对这一现象，本书作者凭借其多年的咨询经验以及对智能制造、精益管理的理解，详细介绍了ERP、MES、PLM、CRM等关键系统的功能和作用，深入剖析了系统背后的管理逻辑和工具。尤其值得一提的是，为免于枯燥，本书采用小故事和漫画形式，集实用性和趣味性于一体，使读者的学习过程充满乐趣。

《漫谈数字化转型：从底层逻辑到实践应用》是一本值得推荐的数字化转型参考书，不仅适用于初学者，也为有一定基础的读者提供了宝贵的参考。相信本书能够为企业管理者和信息化从业者提供有益的指导，助力企业在激烈的市场竞争中不断发展，实现高效运营和持续创新。

——艾普工华科技有限公司董事长　**黄刚**

本书以独特而新颖的讲故事手法，从制造企业的业务视角深入浅出地讲解了数字化转型、新质生产力以及ERP、MES、PLM等数字化转型过程中常见的关键概念、信息化工具、内在业务逻辑及实施方法等重要内容。

本书采用图文并茂的形式，语言轻松诙谐，内容通俗易懂，是一本可以当成文学作品阅读学习的数字化转型好书，值得制造企业数字化转型管理者、技术人员以及在校学生等相关人员阅读。

——机智互联（北京）科技有限公司董事长　朱铎先

在这个由数据赋能成为底层逻辑的时代，管理软件如同企业这艘"大船"航行中的罗盘与风帆，是企业稳健前行的关键。

《漫谈数字化转型：从底层逻辑到实践应用》以ERP、MES等管理软件为经，以企业实际运营为纬，以信息化管理图景引导读者思考：如何将这些工具与企业自身的战略目标相结合，实现有效的价值创造？

本书对不同企业类型的需求做了细致的分析，强调了定制化管理软件解决方案的重要性。

作为一套集成的解决方案，管理软件对企业的实际渗透是一个逐步深入、互相促进的过程。如何将企业的各个部门和业务流程与系统紧密连接起来，最终达到以数据为核心的决策机制？管理软件在流程上的赋能又如何倒逼企业内部的畅通协作以及经营模式的突破？

以此书与诸君共勉。

——湖南润伟智能机器有限公司董事长　**吴艳胜**

本书特别关注各个系统的逻辑关系，详细阐述了系统逻辑和管理闭环的重要性，论述了首席数据官（CDO）在协调企业资源规划（ERP）、制造执行系统（MES）、产品生命周期管理（PLM）、供应商关系管理（SRM）、客户关系管理（CRM）等系统中的关键作用。

通过阐释这些系统的交互方式和数据流动，向读者展示实现数字化转型的核心策略，为读者提供一个全面的数字化转型指南。

本书旨在探讨企业在数字化转型过程中的系统逻辑和管理实践，从多个角度剖析了现代企业在数字化时代所面临的挑战，并提出系统化的解决方案，是一本数字化转型入门的好书。

——北京爱创科技股份有限公司销售总监　**史国兴**

本书作者之一闫雅隽是一位资深的咨询师，拥有丰富的企业管理和精益生产经验。她之前的著作《精益实践手册——一本小白都能看懂的精益本质指南》深受好评，旨在向读者解释精益管理的核心概念，并提供实际操作指南。在《漫谈数字化转型：从底层逻辑到实践应用》中，深入探讨了企业如何通过系统逻辑和管理闭环来实现有效的数字化转型，可视为上一本书的姊妹篇。

"管理闭环"是本书的核心概念之一，核心是强调在企业管理过程中，必须建立从计划、执行、检查到行动的完整循环。

针对目前智能制造的趋势，本书亦强调了数据的透明度和可追溯性，以及在整个生产和供应链过程中建立反馈机制的重要性，通过管理闭环，企业可以确保各个系统之间的无缝连接，并在需要时迅速调整策略，反映了作者在新形势下敏锐的观察力。

——高级工程师　杜海文

信息化浪潮刚呼啸而过，数字化和产业互联网高铁时代已经到来。上车还是不上车？这是个问题。对于普通人来讲，要么主动参与数字化，要么被数字化所困住。跟七八十岁的老人解释如何使用微信时才知道，数字化对很多普通人来说是个巨大的挑战。

互联网进入产业数字化的下半场，深度推动生产力发展和企业转型变革。很多企业在政府政策推动下或者专业机构引导下，懵懂地开展企业信息化建设和工业软件应用。

我从事中小企业服务平台运营和组织再造咨询工作以来，听到很多中小企业管理者抱怨踏入数字化的陷阱而进退两难。比如，上了很多系统却相互打不通，形成了信息孤岛；信息化反而造成沟通效率低下；流程重叠或受阻严重；等等。

本书作者之一闫雅隽老师是资深组织变革咨询师兼信息化建设辅导专家，她与另一位信息化专家荆娟老师系统化地解码数字化转型的底层逻辑，值得企业家、信息化实施团队认真阅读和思考。

——高级经济师、博士　**崔毓剑**

序

2023年年末，我们开启了一个新书计划，这也是我的第二本书。

写书之于我的人生，是必须，是表达，是滋养，是记录，更是我对于职业的尊重和信仰，每个人在有生之年总该去做一些富有挑战而有意义的事情。

这本书是我的第一本书的加强版，是一本用白话来写管理与信息化的书籍，写作初衷依然是使您能相信、能看懂、能使用且能受益。

作为一名平凡的信息化及咨询行业的从业者，鉴于能力的限制，这本书并不完美，却是我从业将近20年对于信息化导入及基础管理建构这一课题最有诚意的呈现。

愿您在信息化建构的路上不再迷茫，不再挫败，希望信息化、数字化于您而言是一双助您飞翔的翅膀，而非企业发展的羁绊。

企业转型之路实属不易，每一步我们都能看到从业者滴下的汗水，感受到他们埋下头那不为人知的不易。愿您得偿所愿，不被弯路困扰；愿您手持利刃，披荆斩棘，用数字化开启那扇飞跃之门。

闫雅隽

2023年12月

目录

一、管理软件初认知

1. ERP / 006
(1)"军师"——在决策之前给予支持 / 008

(2)业财一体——可不是一句空话 / 009

(3)大会计——税务、成本、管控一体的综合解决方案 / 011

2. MES / 013
(1)市场越复杂,对企业的要求越高,多变适应性是企业必备的能力 / 016

(2)上传下达的灵魂操盘小能手——系统之间的爱恨情仇 / 018

(3)坚定的任务分配管理者和问题暴露反馈者 / 023

(4)全天候在线车间主任——质量、设备、报表一把抓 / 025

3.PLM / 029

　　（1）什么样的公司适用PLM，能解决什么问题 / 031

　　（2）一个典型的PLM系统有哪些不错的功能 / 033

4.CRM / 039

　　（1）不是一个简单的系统，而是一种策略和战略 / 041

　　（2）真正实践"把客户放在心上"的系统 / 043

　　（3）可靠的营销过程管理工具 / 045

　　（4）完备的电子商务功能 / 047

5.SRM / 049

　　（1）供应商的周期管理 / 052

　　（2）战略采购实施 / 055

6.HRM / 058

　　（1）OA / 060

　　（2）HRM / 064

二、把系统功能发挥到最大

1.系统之间的关系 / 071

　　（1）从智能制造的成熟度来看系统 / 071

　　（2）智能制造成熟度的能力要素评估 / 083

　　（3）不同的企业类型需要的系统及侧重点不同 / 088

目录

2.统一流程构架思路，三方协作四步走 / 092

  （1）以流程看流程，找到不同 / 095

  （2）以不同看管理逻辑 / 098

  （3）有好流程、好管理才有好系统 / 100

  （4）定流程、定节点、定系统设计 / 102

3.ERP上了，WMS上了，数据还是不准，仓库管理做好了吗 / 109

  （1）仓库认知 / 110

  （2）上系统前进行仓库优化 / 113

4.物料管控是企业成本管理的核心 / 118

  （1）做好物料需求计划，解决物料的灵魂供需关系 / 121

  （2）设定物控职能，和线上的物料需求计划上下配合 / 123

  （3）物控关键控制点设定 / 126

5.企业运营和信息化系统的"大脑"——计划管理 / 149

  （1）各系统的大目标设定和计划生成 / 151

  （2）系统中合理运用闭环思维落地绩效 / 154

  （3）MES中生产计划落地前的准备 / 159

6.SRM之外，回到供应商管理的本质 / 163

  （1）品质标准统一的几个关键举措 / 166

  （2）供应商绩效管理（品质部分）的设计 / 167

  （3）像对待"自己人"一样对待供应商 / 168

7.销售价值链管理，CRM的成单底层逻辑 / 170

（1）按照"销售成单"的进程识别并管控价值链 / 171

（2）以"计划"落地的精细管理控制销售结果 / 176

三、新质生产力和首席数据官

1.新质生产力 / 184

（1）理解生产力 / 184

（2）理解新质生产力 / 185

（3）新质生产力的特征 / 186

（4）新质生产力的内涵和标志 / 188

2.首席数据官养成之旅 / 192

（1）人物画像 / 194

（2）看懂世界才有世界观——理解杜邦分析法 / 196

（3）建立组织 / 199

（4）善用助力并练好"内功" / 200

致谢 / 203

一

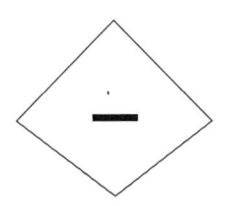

管理软件初认知

一、管理软件初认知

这本书的创意源于我的一位客户的一句话，他说："你给我讲讲，那个MES（制造执行系统）到底是什么？"

那一刻，我感觉有点挫败，公司的咨询和MES项目已经推进了一年半，MES即将上线，可我的客户竟然还不知道MES是什么。

后来我又看到更多的企业，在不知道MES、ERP（企业资源规划）、PLM（产品生命周期管理）是什么的情况下，仅仅因为隔壁的企业或者竞争企业使用了信息化工具，就盲目跟风，到最后我们几乎看不到这些企业的本来面貌，它们穿着各种由信息化工具织成的华服，站在阳光下闪闪发光。

假如有一天真的站在战场上，对方拿出了一把闪闪发光的宝剑（信息化工具），所向披靡。

它想，我也有。

当把剑抽出来时，却发现它早已锈迹斑斑，根本无法与对手抗衡，管理者非常生气，对下属说："你们平时都在干什么？"

下属说："我们为了用这把剑，平时没日没夜地干（维护），我们已然尽力了呀。"

同样的信息化工具，为什么有的企业用起来就如有神助，有的企业用起来就如"鸡肋"，甚至会阻碍企业的发展，这背后究竟藏着怎样的秘密？

有太多企业在数字化转型的路上走一步摔一个跟头，但是依然顽强地靠着自己的毅力继续引入更多的信息化工具，而无视那些本来应该成为助力的工具变成企业成长的枷锁。

这种情况有点可惜。

我们离真相那么近，又那么远，因此付出了极大的代价来承担后果。所以，我们竭尽所能去呈现这一套方法论和逻辑，希望看到此书的企业家和管理者能少走弯路，那些一直尽心尽力做信息化导入的公司可以借由本书的方法论，让辛苦打造的工具迅速进入客户的公司，让信息化工具产生我们共同期待的效果。

本书第一部分将告诉你那些你说得出来却不明其义的系统背后的逻辑，就是这个系统究竟是干什么用的，能在哪些方面帮助我们，以及系统和系统之间是怎样协同的。

第二部分将告诉你这些系统背后的管理逻辑，以及你应当做好哪些事情再引入这些系统，或者说你应该在引入这些系统的时候同步做好哪些事情，这部分内容是本书的重点，我们会尽量将使用的工具完整地呈现给你，帮助你平稳上线。

第三部分重点阐述系统、管理和新质生产力之间的关系，并将为你解析在企业内部应该怎样建立并运作首席数据官机制。

对于咨询与信息化的关系，前几年，咨询业从业者趋向于先帮助企业做好底层基础工作，再由信息化公司做介入；但事实上，很多企业家会有两点疑虑：一个是时间，另一个是金钱。

对于任何行业的中国企业来说，跨越式发展似乎都是一个不得不面对的挑战，而挑战的结果是，如果企业发展了就活下来，而如果没跨过去就永远"躺"下了。

数字化转型作为企业跨越式发展的一种有效的支撑手段，在很多企业家看来是唯一的选择，所以不可避免地产生了一种现象，那就是为了数字化转型而进行数字化转型。

有的企业因为数字化转型成功，实现了效率提升、成本降低，有的企业用尽了手段还是没能转型成功，反而使得效率降低、成本增加，企业走得越发艰难。

这个时候，时间就是金钱，企业在走这条路的时候一定是看到了成功的案例，我现在就是要用这种手段，使企业不再走咨询从业者所提供的先怎样再怎样的路径。

中国咨询业的发展远远跟不上企业数字化的步伐，这就导致在咨询和信息化中间出现了一个"真空地带"，也造就了今天很多企业普遍面临的一个咨询业的BUG（故障或缺陷），那就是咨询公司在的时候数字化转型效果看起来还行，咨询公司走后却好像他们从未来过。所以，更多的公司选择一步到位，期望达到时间和金钱成本的"双减"效果，那就是由信息化公司跨过咨询公司直接给出解决方案。

是的，很多企业成功了，但更多的企业失败了。

这本书就是为了把这个"真空地带"去说明白，去填满，通过"咨询者＋信息化"思维重塑导入路径，从而真正实现企业降本增效和数字化转型。

我们希望实现"三好"的局面。

一是让咨询公司"活"得更好。其实咨询公司最终希望企业呈现的状态信息化公司已经画好了，咨询公司要帮助客户快速"上车"，因为客户无法等待，时间线就是生命线，信息化工具真的是一把"屠龙宝剑"，咨询公司应该是让企业习得一些基础"剑诀"，快入"江湖"。

二是让信息化公司"活"得更好。不要因为客户基础层面的逻辑没有构建而使其卷入"信息化不给力"的陷阱之中，信息化公司必须承认使用信息化工具能解决的问题和层面都是有限的，让企业不要认为"工具是万能的"，并帮助企业认清其现在所处的位置，快速通过我们的方法论完善企业的底层管理，让信息化工具导入工作更顺畅。

三是让客户"活"得更好。咨询公司和信息化公司一向是各走各的路，最终受到损害的只有客户，应该给予客户构建一个顶层架构的思维，从而更好地利用这两种手段帮助其成长。

这是本书写作的初衷，也是我的夙愿。

1.ERP

你是怎么理解ERP的呢?

电视剧《乔家大院》中有这么一个场景,就是东家乔致庸要做一项重大决策,需要计算出一个确切的金额,总账先生带着一群年轻的账房先生在一个屋子里噼里啪啦地打算盘,这个场景的前后剧情我记不太清楚,但是一堆打得飞起的算盘、先生们微皱的眉头,在我的脑海里挥之不去。

这个场景,就是早期的ERP。

一、管理软件初认知

在我国古代，即便你只是做个小生意，也需要一个账房先生来帮你计算进出货，以及有多少资金之类的。

一旦你的生意做大，有若干个门店，就必须设一个总账先生，这个总账先生带着手下的若干个小账房，帮你来计算整个"集团"的资金、库存等，来保证你的资金流顺畅。

《乔家大院》中乔致庸抛弃初恋女友而娶了后来的妻子，也是因为有一笔关系家族命脉的大生意，而他手里的钱不够。资金不够和差多少这两个结果都是来自总账精确的计算。

到了现代，"生意"的本质并没有变化，同样是进货成为库存，转化为产品然后卖出，不能再依靠古代的"人海战术"进行财务核算，也不能指望每个公司都有一个脑袋灵光的总账先生可以算得清，给出企业管理者想要的结果，ERP由此而来。

ERP是以一套以"管理会计"为核心的系统，说它是一款软件不太确切，更确切地说，ERP是一种系统化管理思维，因为它可以无差别地为企业提供一个相当于古代计算水平最高的"总账先生"。

当然，现代的这个"ERP先生"管得要全面一些，它不仅管钱，还管物料、人员和信息，因为对于任何企业来说，这几块业务的走向都差不多，所以ERP也是系统里相对标准的，即任何公司ERP的底层架构逻辑都是相近的。

有一个问题就是，你的ERP一旦导入，基本上就"大事"已定，ERP在众多的信息化系统里属于地基级别的，最好能选用"大厂"的产品，因为"大厂"有能力迭代自己的产品，有一定的服务保障。ERP选用小公司的产品不是不可以，而是有一定的风险，因为后期维护或者生意再做大一些，这些小公司的产品迭代和服务能力或其本身的生存风险都会给我们的使用带来隐患。

(1)"军师"——在决策之前给予支持

ERP就是公司的"军师",是公司的"诸葛亮"。

现代工业中,我们需要这样的大脑去分析公司的各种数据,然后根据企业的经营环境给予管理者各种支撑。

如果一个企业开运营会议时还是由各职能部门主管拿着纸笔来做汇报,比如产品库存还有多少,下个月的订单有多少,企业目前的资金状况如何,我们的人力资源安排如何,即便是他们都汇报得出来,对于企业领导来说,总结这些数据之间的关系,再做出决策,也是非常有挑战性的。

如果有了ERP"军师",职能部门主管的工作就不再是提供这些数字,而是因为这些数字指向了一些具体的决策,比如,适当减少产品库存量,增加流动资金,进行人力资源调整,所有基于数据分析的结果都因为ERP系统的存在,可以立即呈现给企业最高领导者和相关的管理者。

下一步就是基于公司的顶层战略进行实实在在的任务分解和任务追踪,并在这个过程中进行监控,通过会议和数据进行校准,如有必要,根据ERP"军师"给予的数据进行战略调整。

在古代公司,若想做出正确的决策,只有"刘备"遇到了"诸葛亮";但是现在我们每一个公司都能遇到ERP,对于具有一定规模的企业来说,ERP应该是标准配置,因为同等规模的竞争对手正在ERP"军师"的指导下运营,而如果你的企业还在几个不太精明的"大算盘"的支撑下进行战略部署,"战场"之上,输赢自不必说。

举个简单的例子,在ERP的支撑下,企业可以做到库存精确、资金清晰,而有的企业管理者连自己库房里有什么都不知道,只知道企业资金越来越紧张,一步跟不上,步步跟不上。

在市场竞争中,你的企业运营成本一定是高的,运营效率却很低,因而利润一定也是低的,你不艰难谁艰难?

当你的企业需要上系统的时候,第一步应该是把"军师"请到企业里，ERP作为资源"总账房"，可以说它管理着企业的一切大事。

如果上系统有顺序的话，应该先上ERP，再考虑其他。

没有ERP，其他任何系统单独运行都缺乏根基。

（2）业财一体——可不是一句空话

企业里矛盾最多的两个部门是销售部和财务部，有些企业的销售人员为了得到第一手款项信息经常"讨好"财务人员，还有的销售人员因为提成或者费用方面受限于财务而和财务人员"大打出手"，这类企业多半是没有ERP的。

本质上业务和财务是两个独立的系统，它们之间的矛盾是由业务类型决定的，部门协作一般需要各部门人员高度可靠，但是在大多数公司里，销售部门和财务部门分属不同的领导，即便都归一个领导管，他的大脑里也没有安装计算机，是算不清的。

1996年，那台在围棋比赛中打败了人类的"深蓝"计算机已经用它的实力说明了一切。

如果在你的认知里，公司内部各部门间偶尔也会针锋相对，各自按照自己的意愿去竞争，这样公司才是有活力的，但是在一些本不该过分关注的地方浪费公司的资源、时间，甚至是以影响公司业务和利润为代价的话，不如就用ERP来解决一些问题吧。

很多人不明白业财一体到底是什么，简单来说就是让销售系统和财务系统"相亲相爱"，通过流程融合来解决内部消耗问题。

比如，在销售人员有费用需要报销的时候，财务人员可能会说"你这个不符合我们的流程啊"，诸如此类的话，是因为销售流程和财务流程没有协同，表面上我们看到的是销售人员与财务人员的争吵，本质上却是流程管理问题。

当流程没有问题的时候，公司运营效率就会提升，如果用ERP这套非常成熟的系统去解决类似的问题，一般就不是问题了。

当然，业财一体化成熟一些的融合，还需要和CRM（客户关系管理）系统做交互，如果你当前的企业业务体量不需要，那么在ERP里实现就够了。

我对于企业需不需要上信息化工具，以及需要上多少种系统和模块的认知，一直以来就是需要则上，自己能力够了就上，能带来指标的变化（比如利润、业务量、成本等）就可以上。

为什么要强调自己的能力够不够，这里我并非"看不起"你，觉得你"资金有限"，而是因为这万千种信息化系统，其实是一把把"好剑"，设计者都是以"江湖"上的"顶级高手"的习惯打造的，但前提是你拿得起来，有相应"剑诀"可以去驾驭，如果自己能力不够，应该先去找出自己和"高手"之间的差距，然后用最短的时间弥补自身不足，循序渐进导入信息化系统。

信息化系统里有很多个模块，如果只使用其中的几个模块，效果肯定是有限的，但是企业初期适合先浅浅地试水，可以用了再慢慢叠加、慢慢升级，让系统之间产生链接。

我一直记得写第一本书时我的老师讲过的一句话："书是慢慢生长出来的，是慢慢雕琢、慢慢写，自然生长出来的。"信息化系统也是这样的。

还是说回业财融合，不同的融合方式有不同的效果，"配方"也是多种多样，一开始别给自己太复杂的选择，要慢慢来。

这本书并不是告诉你系统的运行逻辑，其实对于一个工具来说，你只是使用它的功能，比如我们用扫地机器人，只是用它来清理地面，你并不需要知道它的运作机理是什么，这本书会告诉你信息化工具能在哪些方面帮助你的企业，也会告诉你如果想把工具用起来，企业还需要在哪些方面加强。

（3）大会计——税务、成本、管控一体的综合解决方案

作为以管理会计为核心的ERP，财务那些事儿它都能解决，不仅可以解决，处理起来还比人更可靠、更精确。

以跨国集团公司为例，每个国家都有不同的会计准则和体系，ERP就可以帮助其完成多种准则的报表合并。

或者以实行事业部制的公司为例，事业部就是通常所说的"分公司"，它没有独立法人的身份，就像《红楼梦》里的贾家，财务中心就一个，由王熙凤掌管，对外都是贾家花的、赚的，但是对内，各房之间要单独核算，ERP可以支持这种复杂的内部资金往来、考核、分配、结算，并且支持收支两线管理，一边管控资金，一边实时监控资金动态，以防资金久滞或者发生资金风险企业不能第一时间反馈出来。

关于税务管理功能的重要性自然不言而喻，发票管理和纳税申报通过ERP就可以搞定，同时可以防范各种风险。

ERP特别重要的一个功能是成本管理，企业经营有两个终极梦想，那就是业务要广，利润要高。这套系统没办法让你的企业获得更多的业务机会，但可以在业务量一定的情况下，尽可能地帮你把成本算明白。

对，是算明白，不是降成本。

这也是很多人误解的地方，将成本算明白可以帮助你找到其中不合理的地方，就像诸葛亮在旁边告诉你三分天下大势，告诉你突破口，具体该怎么做、怎么执行，还得看组织和人员的能力。

诸葛亮是不能自己拿着刀剑去打仗的，能为你指明方向就已经难能可贵了。

比起"眉毛胡子一把抓"的成本管理和只做表面功夫的成本管理机制，ERP可以把准确的数据呈现给你，让你的动作更有指向性，这非常有意义。

ERP可以支持成本多维度核算，颗粒度也足够细，基本上达到了"你想怎么算就怎么算""你想要什么数据就有什么数据"的层次，并且可以有效支撑公司推进的"全面预算"模式。

很多公司都想做全面预算，但是又有几多真几多假呢？我不相信没有ERP的公司可以做全面预算，道理很简单，当你没有足够的数据量做基础和策略分析的时候，所谓的全面预算就是"拍脑袋"。

ERP作为数据中台，通过对资源的数据化精确地架构计算能力，牢牢地坐着"当家人"的第一把交椅，同时在这个过程中倒逼企业实现规范化管理，用结果指引企业的方向，用控制防范各种风险。

当然，"诸葛亮"不能做的事情还有很多，其他系统应运而生，与ERP进行各种交互，最终为企业打造一个智慧智能的中央控制体系，这也是智能制造"大脑"的存在形式。

2.MES

如果说ERP是"军师"的话,它向上承接的应该是"主公"的意图,对一个公司来说也就是战略。

我们公司今年要怎么怎么样——"主公"在自己的目标手册上签下自己的大名。

ERP转着自己的小脑瓜进行详细计算,并且时不时地给自己的"主公"提供可靠的数据支撑,告诉他这件事是否可行,资金是否充足。

这些事儿到底由谁来做?

此时我们的"大将",MES就必须上场了。

对于制造型企业来说，其生存的命脉就是精细的制造、完美的品质，最好做到物美价廉。只有这样，你的企业及其产品在竞争激烈的市场中才有机会胜出。

老罗（罗永浩）在一次采访中讲过这样一句笑话："怎么才听不到那些杂乱无章的质疑声？在一群'鸡'中成为'头鸡'是远远不够的，你要成为'鸵鸟'！"

在这个时代，企业要想获得非凡的成就，仅仅成为"头鸡"是不够的，你需要有跨越发展的能力，将自己远远凌驾于其他企业之上，当然，如果你只是简单地要"活"下去，那大可不必逼着自己完全使用MES这样极致的工具。

MES使用好了是"常山赵子龙"，使用不好就是一上场就掉脑袋的无名小卒，还会拖累三军士气。

我的上一本书写了很多金庸先生笔下的人物，以至于读者问我："你是不是喜欢武侠啊？"其实也不是，我只是觉得这么讲大家更容易看懂，这本书我讲诸葛亮和赵子龙，也是因为一说出来大家就明明白白的，让大家看得懂、用得上就是我写书最大的愿望。

"军师"固然厉害，它算得出内部资源和需要购入的资源，从而为完成一个生产订单做好准备，但是它的计划逻辑只能以"无限产能"为基点，这个逻辑有点像要"拿下曹贼"，具体的执行以及执行过程中的监控和管理都要靠MES来承接。

MES上接ERP指令，下接设备控制，对生产过程中的物料、人员、流程、物流等要素进行有效的控制和管理，它也是一种带有管理思维的管理系统，最终目的是帮助企业实现有序、可控、高效的作业运转模式。

说到这里，再给大家普及一下"战略战术"和"运营"的概念。

话说秦始皇统一六国，秦王嬴政制定了"灭诸侯，成帝业，为天下一统"的策略，这个策略就叫作"战略"，属于企业的方针政策，ERP就是为这个战略服务的，并且在战略制定的过程中提供导向和支撑。

为了达成这个战略，秦始皇制定了"笼络燕齐，稳住魏楚，消灭韩赵，远交近攻，逐个击破"的计划，这个计划就叫作"战术"。对于企业来说，就是具体的程序规划。MES就是承载战术的，MES的核心就是流程控制。

那由谁来实施这些策略呢？比如名将白起，他共歼灭六国军队165万人，但白起一个人是杀不了这么多人的，他带领自己的部下，由部下分别指挥不同的战役，这些具体的事情就是运营。

一个企业的目标只有从战略下沉到战术，再到运营，稳扎稳打才能完成。

有人说，我们公司有ERP也有MES啊，还不是数据一团糟？你说得没错，因为运营是不可见的。

运营需要做什么去支撑MES，就是本书想要告诉你的，制定策略的都是天才，那么执行者呢？

MES规划得好好的，一天需要生产8000个产品，可是我做不到啊！

MES上的设备管理需要每日进行设备点检，可是没人干啊！

MES上规定早上9点必须开始生产，可物料没有送过来，公司没有物流配送体系！

最后，ERP扯着嗓子问MES："我交给你的任务都做好了吗？"

MES回答说："我真的做不到啊！"

如此，"ERP无用，MES无用，信息化无用"的声音充斥着整个公司。

读到这里，我希望你能懂得，战略战术和运营的关系，运营不仅支撑MES，也支撑着所有的信息化工具，最终帮助ERP实现管理闭环。

MES是根据"赵子龙将军"的能力打造的，你用不好和"将军"没有关系，"剑"给你了，"剑诀"你背没背，有没有能够运行的机制是信息化公司帮不了你的，需要你自己去建构。

来看看"常山赵子龙"都有哪些了不起的能力吧。

（1）市场越复杂，对企业的要求越高，多变适应性是企业必备的能力

传统制造业大多采用大批量的生产模式，计划经济时代，制造方式就是我有什么你就买什么，为了更加合理地分配有限的资源，最早发行有各种粮票、电视机票等。

在完全竞争的市场环境下，我们的客户不再被动地接受产品，企业的生产模式升级为能够满足客户需要的规模定制方式，表现为多品种、小批量生产，所以很多公司里都是多品种、小批量的产品和传统的所谓"上量"产品并线生产。

线就是那条线，但产品需要经常换，谁也不想换，却不得不换。

这么复杂的订单从ERP中出来到进入产线，企业是不是也需要设置一个能力极强的总调度，不然，产线的利用率低了，每天的折旧费、人

工费，如果规划不好，本来就低的利润岂不是更低了？

MES的存在是为了把我们的产线和人力用到极致，通过它精确的计算去调配生产过程中的各种资源。

有一个不太恰当但是非常形象的比喻，MES就是科学"周扒皮"的一个载体，MES的存在不是为了剥削劳动人民，而是为了消除浪费存在的。

很多公司都有计划员、调度员，公司规模大了相关岗位的人员就比较多，为什么呢？因为他们算力不足，而MES就可以为企业提供精确的计算结果和趋势预测。

为什么说MES是科学"周扒皮"呢？比如按照计划某个订单在某个机台生产到10点就得出线，结果10点的时候还差100个，科学"周扒皮"可以亮个小黄灯，到11点还没出来，科学"周扒皮"可以一边给你亮小红灯一边发出刺耳的警报，让全厂都听到，同时调整厂内订单的排配，生成新的计划再去跟踪。

这就是把浪费彻底消除的系统，它可以解决复杂生产体系中的资源合理调配问题，给出具体的工作任务框架及要求，并回馈结果。

（2）上传下达的灵魂操盘小能手——系统之间的爱恨情仇

MES真的是上传下达，兼顾自我控制和管理的小能手。

MES和ERP之间有着千丝万缕的联系，如果你问没有ERP能不能上MES，当然可以，但是资源、物料等人工要算得准确些，计划部分心里要有点准头，也就是我们要知道现场该生产什么。

很多公司由于信息割裂得比较严重，销售提销售的计划，生产干生产的活儿。销售所提的计划可能是迫于公司考核的压力，秉承的策略是先提了再说；生产要考虑员工都得按期拿提成工资，先搞起来再说，可能当下并不需要的产品已经生产到后年。不管你有没有ERP，都要首先考虑信息割裂带来的后果，这个问题后文中会讲到。

先来说说BOM（物料清单）表，这就是个配方表。

首先，研发部门根据物料编码规则、图纸、代号、数量等要素出具每个产品的BOM表。

比如诸葛亮的木牛流马，首先要有图纸，然后在图纸中标注数量，如轮子（大轮）两个，需要标注代码，否则车上轮子太多的话最后就分不清楚了，所以就有了物料编码规则。

很多公司都存在一物多码的情况，因为研发的物料和采购的物料，甚至和生产阶段的物料的编码规则都不一样，物料编码规则的不同导致高库存，所以有的物料企业明明有，只是因为叫法不同，谁也不知道，然后资金就被浪费了。

从设计BOM到制造BOM有一个转化的过程，规则清楚当然没有问题，如果规则不清楚就难说了。

将设计BOM转化为制造BOM，也就是知道做一台木牛流马，需要两个轮子，做这两个轮子需要1米的木板两块，对，这就是制造BOM。因为我们不能买现成的轮子，内部要有将木板加工为轮子的工艺。

一般设计BOM转化为制造BOM，即轮子到木板的过程是在研发软件里完成的，常见的如PLM或者PDM（产品数据管理）。研发部门把图纸给了负责材料采购的部门，相关人员也能转化。然后我们统计一下木牛流马有多少订单，东吴定了三台，张飞定了一台，一共有四台。

其中张飞的订单比较着急，必须这个月交货，这个月产能有限，也只能做一台，在ERP里就会生成明确的订单需求，制作这台木牛流马的制造BOM就出来了，然后把它推给我们的ERP"军师"，ERP"军师"掐指一算，主要是看看库里有没有这个物料，还需要买多少物料，一般就是购买量等于需求量减去库存量。

这个计算过程在ERP里叫作MRP（物资需求计划），也就是物料需求分析，因为库存资源都是由ERP掌握的，"军师"算完了，就会生成一个物料需求清单。

关于东吴的三台，客户说并不着急交付，可以从下个月起陆续交货，那么ERP会先记录，采购时再根据MRP计算生成采购订单。

这里有两个问题需要读者特别关注：一是很多公司ERP中的MRP

运转不起来，二是以什么作为生产和采购的订单，这也是信息化"背锅"的一个比较常见的点。

我们需要先明白这些系统之间的链接关系，知道系统能给予我们什么，不能给予我们什么，就能理解我们应该做什么，听起来像是绕口令，却是大实话。

当管理的问题投射在系统上的时候，企业的第一反应肯定是埋怨系统，因为企业是花了大价钱购买系统的，企业认为花了钱买系统就能解决大部分的管理问题，但是"剑"买了，信息化公司也给了企业"剑诀"，为什么还是用不起来？

因为那是属于"高手"的世界，"高手"练了好多年才拥有了"绝世武功"，将自己一生的心得汇集成"剑诀"和这把"宝剑"，但是"高手"不知道你压根没有练好基本功，你根本用不了这把"剑"。

一、管理软件初认知

不同的企业上信息化，效果云泥之别，其根本原因就在于内功的差异。

仍以木牛流马的订单生产为例，东吴的三台产品不着急交付，所以先安排生产张飞的订单，突然东吴找了过来，说："周瑜着急要呢，马上把张飞的订单停下。"可张飞的这台和周瑜的这台型号不一样，我们现在是继续生产张飞的订单，还是购买周瑜订单需要的物料？张飞的那台的轮子能不能先换给周瑜的那台，万一周瑜又变卦了呢？

说到这里，你头大了吗？

这种情况在系统之外常常发生，常常令我们手足无措，那这些事情你让ERP怎么处理呢？MES应该怎么承接呢？

这就是"内功"，而以上这种混乱的场景需要靠"产销协同"管理能力来解决，它最终帮助我们决定进系统的到底是什么数据和需求。

把这个问题先挂在这里，我们按照一般的逻辑继续往下走。

我们发现张飞的这个物料清单中有一部分需要购买成品，这部分叫作"物料采购订单"，一部分需要外协供应商加工，这部分叫作"外协订单"，这两个订单都是在ERP里生成的，这两个订单生成后各自进入它们单独的流程，等它们完成各自的流程回来以后，会在ERP里完成检验，然后入库。

这个流程由ERP发起，也由ERP收尾，形成一个闭环。

那个"大将"MES到现在为止，在流程里存在感还是有点低，别着急。

我们前面讲过ERP的这个计划是比较粗糙的，比如只能有个还不是很确切的月计划，就是本月生产张飞的一台木牛流马。

MES需要把生产一台木牛流马的计划转化为月进度计划，那木牛流马不是一下子出来的，它是一步步做出来的。只要有步骤，就有进度，就有进度计划。有的公司是把周进度抛回给ERP计算的，这有点像领导安排我完成一项任务，他可以一次性地把需要的物料进行MRP运算采购，也可以由我告诉领导我这周做什么，下周做什么，领导分几次安排物料就好。

木牛流马工艺复杂，有一些配件是很大的，那么MRP的运算就不是一次完成的，我们可能会安排每周买进一批，这样资金压力会小一些，这就是MRP的高级运算。

MES将它的月度计划自动转化为周计划和日进度，然后在系统里启动物料齐套（齐全配套）管理。

物料齐套也有必须要注意的问题，就是干活儿之前东西得全，如果物料不齐套，比如今天计划是上车轮，结果车轮没做出来，那么MES里就要有所反馈，请示MES"大将"，我们今天干点什么。

关于齐套的问题，大家可以暂且记着，我们在解决方案部分会进行补充，有80%的制造企业是因物料齐套性影响生产，这是在系统控制之外的。说实话，系统只能告诉你物料不齐套，并调整生产计划，系统不是戏法，能给你变出齐套的物料让你正常生产。

MES"大将"将周生产计划分解为各车间、工序的生产计划，由战略下沉到战术经营层，正式完成MRP"军师"的策略落地的第一步。理论上按照MES分解的逻辑应该是计划层层衔接，精确又可靠，因为它的计算能力足够强大。

信息化工具的系统架构可以保证，如果数据真实可靠，就能打胜仗；但是，就怕数据错误。

比如前方军士来报，山下有200匪兵伺机攻山，这边将军微一顿首，区区200匪兵何惧？于是派400骑兵迎战，上报军师请求调拨兵力，这边军师调拨了400骑兵，一下山，发现对方是2000人。

数据的准确性还是在系统控制之外。

对，系统相信你输入的数据，也只能以你输入的数据作为运算和决策的依据，请问：你的基础数值，产能也好，工时也罢，是真的正确的吗？

此处暂不讨论，你且带着疑问继续往下看。

（3）坚定的任务分配管理者和问题暴露反馈者

派活儿和实时监控活儿干得怎么样是MES"大将"最重要的工作之一。

木牛流马有三个核心部分，即牛头、牛身、牛腿（含齿轮驱动），这三个部分分别由三个车间来完成。

MES在派活儿的过程中可以给相关的管理者提供车间相关设备和人员当前的任务清单，比如在牛头生产车间的牛角成型设备上，已经安排了李大壮早晨8点开工，那么牛头生产车间的主管就可以根据清单动态地分析每个人和设备的加工负荷。

你知道作坊为什么效率最高吗？

一个小小的作坊，只有一个老板、三个员工，老板一边干自己手头的工作，一边盯着这三个员工，他时刻吆喝着并安排他们干活。其中的精髓就在于，这三个员工上班时间没一分钟可以歇着，人力浪费已经压缩到极致，所以作坊运营效率极高，作坊的利润也是可以保证的。

作坊一旦成为工厂，成为一个庞大的组织，老板当然还想按照原来的模式去管理，他当然想盯住每一个员工，但是员工太多了，一会儿张三去厕所抽烟，一会儿李四去仓库"摸鱼"，组织运营拖沓，自然成本虚高。

我和不少白手起家的民营企业家聊过，他们都在问的一个问题是，为什么我的工厂规模小的时候能赚不少钱，规模大了反而不赚钱了？

其实就是管理跟不上了，因为之前采用的是"以人治人"的方式，每个人能管理的人数是有限的，所以在一般的工厂里就有管理权限和管理幅度的要求。如果这个分得不够细，一定会有"摸鱼"甚至于"躺平"的人。

MES提供了一种科学的分配形式，让管理者可以看到每个人都领到了他应该完成的工作。

各个车间都领到了自己今天要完成的工作，各个设备的操作人员都接收到了自己今天的任务，然后进行确认，这项工作就开始计时了。

在这个过程中，MES以系统中的工时和数量等数据计算每小时甚至每分钟、每秒钟操作者应该完成的工作量，结合操作者的回馈给予任务情况的实时反馈，就是之前我们讲过的小黄灯、小红灯功能。犹如给那个耳听六路、眼观八方的老板"复制"了无数个小分身，让他们时刻盯紧现场情况。

当然，在生产过程中可能会出现各种问题，比如牛角成型设备的刀具崩坏了，或者欠料了，各种异常事件都可以通过我们系统中的"安灯"功能进行反馈。

很多MES系统都配备了安灯系统，亦称"Andon系统"。Andon为日语的音译，意为"灯""灯笼"。安灯系统是指企业用分布于车间各处的灯光和声音报警系统收集生产线上有关设备和质量等信息的信息管理工具。

安灯系统起源于日本丰田汽车公司，主要用于实现车间现场的目视管理。在一个安灯系统中，每个设备或工作站都装配有呼叫灯，如果生产过程中发现问题，操作员（或设备自己）会将灯打开，以引起相关人员注意，使得生产过程中的问题得到及时处理，从而避免生产过程中断或减少问题重复发生的可能性。

现在系统中因为配备了各种平板电脑，我们回馈问题的方式就不仅限于打开灯，还可以在系统里输入更确切的问题。这些问题可以直接推送给相关主管，或者显示在大屏上，这样一来很多问题都可以快速得到解决。

因为在生产过程中所有数据都十分清晰，大家干的活儿是多是少都是一眼明白，所以对于按劳分配的计算也会非常清晰，MES在分配和计算上一定是大公无私的。

（4）全天候在线车间主任——质量、设备、报表一把抓

MES不仅是个"大将"，会将ERP计划分解为小级别、更小级别的任务，并监控任务的执行落地，也承担了非常多的配合型的工作。

它要管质量，因为质量是企业的"生命线"，比如牛头生产车间的生产效率高，但是牛头上的牛角一个长一个短，这样的产品客户是接受不了的。

它要管设备，对企业来说，设备就是"生命线"，我们不是没有人，我们是没有健康状态的设备。设备今天漏油了，明天线断了，那我们的产品就生产不出来，就完不成计划。

它要管报表，这里所说的报表是给各级管理者看的，小组长要看，大组长要看，车间副总要看，厂长也要看。

这里说一说数字化，很多人对于数字化本身有一些误解。什么叫数字化？真的是将我们生产经营管理中的各种情况全部用数字来表达就够了吗？

当然不够。

我们在经营中、在生产中去收集数据，让企业以数字的方式去呈现它的生存状态。比如，我们去医院检查身体，我们对于健康状况的定义不是好或者不好，而是血压多少，血小板多少，体脂率多少。这些综合的数字最终给到被检查者，使其获得一些认知，就是自己的健康

状况是好的还是不好的，接下来还需要将血压控制到多少，将体脂控制到多少。

为了达成这些目标就延伸出一系列的行动，比如我们需要每天服用降压药物，减少油脂摄入，每天健走1万步，等等。

再过一段时间，你需要再回到医院进行检查，看看数据有没有变化，你的行动有没有产生预期的效果。

这个体检到行动，再到体检，再行动的循环往复的过程，才能体现体检的价值，也才能体现身体健康状态数字化的价值。

有的人体检年年做，各项指标也都有问题，但是体检结束后该怎样还怎样，第二年继续体检，直到有一天需要住院治疗了，那就遇到什么就接受什么吧。

企业上信息化，不管是使用ERP还是MES，这个数据都是要用起来、循环起来的。

知而不为，不如不知。因为不知，你花不了这么多钱。

既然花了钱，下了这么大的功夫，就应该在上系统的那一刻，把数据管理、检讨的机制同步建立起来。

所以MES的报表、ERP的报表都是在告诉管理者企业现在的经营状态，在系统之外，作为管理者你需要采取设定目标及管理目标的行动，然后通过系统的反馈判断行动的效果，让企业运营能力持续跃迁。

很多人说"系统无用"，是因为他的公司在使用了系统以后并没有发现成本降低了，效率提升了。

如果你真的理解了"体检"，就会明白，是什么促进了企业的发展，系统其实是指引企业前进的标尺。

在我们跳高的时候，系统会告诉我们"现在跳了1米"，如果没有这把"尺"，在企业经营过程中收集数据不仅会占用过多的时间，也会因数据不可靠而无法帮助决策者做出正确的判断；但是如果你以为有了系统，自己就能跳到2米甚至更高，那只是你对系统的误解，和系统无关。

依然请大家带着这个令人不太愉快的命题，继续往下走。

MES在质量控制上的功能真的是全面又强大，在品质管理领域，我们经常讲一句话，就是"质量是制造出来的，不是检验出来的"；但是检验不到位，我怎么能知道质量出了问题呢？

相对于人，系统最大的好处就是可靠，不会说谎。在任何系统参与的管理过程中，因为流程的硬性衔接，迫使本可以浑水摸鱼的动作无法进行。

比如，必须进行来料检验物料才能入库，那么制作木牛流马的那一块块木板就必须经过工作人员的缜密检验，并且在系统里输入相关数据，甚至上传照片后才能导入入库流程。

一般来说，入库流程要和ERP及WMS（仓储管理系统）挂钩，如果没有可靠的来料检验或者存在不规范的来料检验，比如有的公司说这个订单要得很急，物料拉过来就直接上线使用了，但是最后发现这批产品存在很大的质量风险，就会给公司造成非常大的损失。

如果有了MES这个"死脑筋"，不经过来料检验，对不起，那就无法入库。不入库就无法生成库存，没有库存就无法生成领料单，这些物料在ERP那里视同没有，这样就会把风险水平降至最低。

在过程检验与最终检验中，MES质量管理模块就是一个铁面无私的"包公"，它恪尽职守，为企业的质量管理保驾护航。

更重要的一点是，因为MES系统的实时反馈，即便在生产过程中出现了质量问题，也可以触发工作人员及时处理，并跟进处理结果。

大家都知道人有很大的能动性，以牛角的问题为例，发现了这个问题可能需要设备部门来调整设备参数或者找出其中的问题，一般我们会打电话告知设备部设备有问题，让他们过来看看。

设备管理人员可能会说："我忙着呢，一会儿啊，一会儿就去。"

我们生产木牛流马是一条流水线，如果没有MES系统，设备出现问题，操作人员只能等待，设备人员是不是真的忙谁也不知道，等来等去就下班了，今天没完成的工作，只能明天再做。

有了MES，这个问题就迎刃而解了。首先，如果一个问题引起停线的话，质检人员会把这个问题挂出来，全公司100多块大小屏全部显示出这个问题通知，在时限内没有处理好会逐级向相关的领导上报，如此一来，问题的解决效率就会完全不同。

MES在设备管理中的功能主要有以下几个：一是保证一旦设备坏了有人会以最快的速度来处理，二是防止设备发生故障，三是确保设备有人管理。

牛角成型设备故障后以最短的时间把设备维修人员叫到了现场，MES会计时，设备人员响应的时间是10分钟，这个是没问题的。

设备人员开始修设备了，MES又站在旁边默默地拿起了秒表，记录他修了什么，这个部件之前是什么时候保养过的，维修这个部件的标准时间是多久,设备人员是什么水平,等等。

对,MES就是我们工作中最不想遇到的那种"领导",它什么都知道,还能给你记得明明白白的。

MES怎么防止设备发生故障呢?

设备都是保养出来的,MES的管理逻辑很多是基于TPM(全员生产维护)管理,它只是将这种管理方法制度化了。

这里大家需要注意,就是不要陷入为了保养而保养的怪圈。MES的设备管理模块个性化很强,每个公司的设备状况不尽相同,大家应该根据自己设备的情况去定制相应的保养逻辑,先有制度去执行,再有信息化来固化加持。

所谓信息化其实从另一个角度来说就是孙悟空头上的"紧箍咒",这个"紧箍咒"之所以有用,不是因为它制度完善、流程复杂,而是因为它的"灵魂"是"权威人士"控制的,是可以管住"孙悟空"的。

所以,MES系统不是拿来就能用的,在产品生产的过程中,每一步的控制都需要基于公司自身条件、人力基础水平等要素去量身打造一些限制性条件,这样系统才能为你所用。

3.PLM

诸葛亮在蜀后主刘禅时代就不仅限于做军师了,他是丞相,既做策略也做执行,所以他很早就指定了一位接班人,就是蒋琬。

诸葛亮身兼多职,连年用兵,蒋琬总是能够很好地撑起后方,保障后勤,在任何战争中都能做到"兵马未动,粮草先行",在诸葛亮北伐过程中,他总能按照要求提供足够的粮草和兵力,所以,诸葛亮一直将他视为自己的接班人，并在遗命中将国事托付于他。

PLM即产品全生命周期管理系统，在官方的定义中，PLM是指管理产品从需求、规划、设计、生产、经销、运行、使用、维修保养直到回收再用处置的全生命周期中的信息与过程。它既是一门技术，又是一种制造理念。PLM支持并行设计、敏捷制造、协同设计和制造、网络化制造等先进的设计制造技术。

我认为PLM在某些特性方面和诸葛亮的继承者蒋琬是非常相似的，因为大部分公司在引入ERP时都会同时引入MES，却不是都会同时引入PLM，因为它的作用在于支撑性以及研发的效率及管理性。

如果没有PLM系统，公司依然可以用大规模的人力及工作时间去做这方面的工作，就像打仗，即便没有一个可靠的支撑，也是能打的，只是结果好坏有差别。

比如，客户定了一台木牛流马，给的期限是40天交货，我们的产能有限，一个月只能生产一台，那么给生产之前的环节的时间就是10天，这就对研发、采购等部门提出了更高的要求。

因为研发部门如果BOM表没出来，就无法出制造BOM表，同时研发部门需要出工艺流程等一套图表，在时间十分紧张的情况下，如果研发端也有一套可靠的工具是不是就能一定程度上缓解压力呢？

产品的交付期是固定的，生产环节压缩的空间是有限的，因为人和设备都是有限的，研发端如果不能分担压力，那么交付压力就无法释放了。

所以PLM虽然有非常多的功能，但是更重要的且更常用的是承担了一项"粮草保障"的工作，前面生产产品，人在设备里穿梭而行，PLM默默运作，在采购部门转化制造采购清单前为其提供准确无误的图纸，提供工艺及清单。

（1）什么样的公司适用PLM，能解决什么问题

如果你的公司常年做几款固定的产品，且研发人员数量比较少，那么你肯定是不需要PLM的。

有两个公司每年的产值都是2亿元，第一个公司只有四款产品，产品量大；但是第二个公司有400种产品，每种产品的产量都很小。

一般来说，第一个公司不太需要PLM。

什么样的公司需要PLM，或者说经常出现哪些问题的公司需要PLM？

木牛流马属于定制类产品，里面一般有1000多个零件，然后根据客户的要求，产品的外形和大小都是独家定制的。

张工程师今天要完成一个配件的图纸，他依稀记得去年给东吴做过一个订单，订单的配件要求和今天这个图纸基本一致，去年那张图如果能找出来，只需要改一个小小的参数，这张图就不用画了；但是他在计算机里找了好久都没有找到那张图，突然想到这张图当时是安排已经跳槽的王工程师画的，应该去他的计算机里找，张工程师找到了那台很久没有人使用的计算机，却发现计算机里面什么都没有。

一声叹息之后，他只能重新开始画图，从第一条线开始画起。

很多公司的研发端都有类似的情况，人很多，工作很多，人力成本很高，但事实上都是在做重复无效的工作。

产品型号众多，图纸文档却没有做有效的管理，产品几经迭代早就分不清图纸是哪版产品的了，找一个图比西天取经还要难，那你就需要PLM了。

这个产品有1000多个零件，确实是不少，但是每次都要画1000多个零件就有点夸张了。

有什么好的解决方案呢？化零为整。

这100个零件可以组成一个部件，产品整体只有十几个部件，部件作为一个整体，其中的各个零件之间是有联系的，比如部件中的一个零件的长做了调整，其他相关的设计参数均要进行数据调整。

如果一个公司没有"部件"管理思维，还是一张张地出图，那我们的工程师需要一边画图一边计算相关的数据，出错率还是很高的。

这种情况下公司也需要PLM，PLM可以部件化管理产品，而且如果其中的一个参数变化了，系统可以自行计算，对相关的图纸数据进行同步修改。

我们在研发过程中用了很多种设计软件，它们是怎么集成的？我们有那么多的研发人员，怎么保证大家可以按照相对合理的任务分配模式进行协作，从而避免因为效率比较低的流程和管理造成后端制造的损失？

总而言之，如果研发环节对整个生产过程的影响比较大，而公司在研发管理方面不管是工具还是效率，或者结果，都无法在当前的管理模式上获得突破，那么PLM就是一个很好的选择。

作为一个系统，PLM一定有很多个模块，不是每一个你都需要，那么就选择最合适的就好了。

其实，在本书中我们尽量用直白的方式去呈现系统的功能和逻辑关系，是为了方便对于系统不太熟悉的读者去理解和掌握，所以，本书可能与我们常见的专业书籍不太一样，但是我深信这是一本"有易"也"有益"的书。

对于系统和功能的选择，大家根据自己的了解和理解进行选择。一方面是为了更好地导入自己公司需要的工具，另一方面是为了拿回系统的主动权，将系统架构托付或者说是交给系统软件供应商，是不负责任的选择，也是有风险的选择。

这就好比我们要去参加武林大会，去之前都要给自己配备一些趁手的装备。

当你来到装备市场上，这边一个卖家说："大侠且慢，我觉得你应该配一把双龙刀，这刀吸取了天地精华，是我师父打造10年而成，为了配这个刀，你还应该给它配一块上好玉石打造的刀套……"

很多企业在上系统之前就和那个准备参加武林大会的人一样，事实上，信息化公司并不知道你练的是什么"功"，你练到了什么程度，甚至有时候连你自己都不知道自己练的是什么"功"，总觉得自己有把不错的兵器就可以"横扫武林"。

这些认知当然是错的。

所以，如果大家通过这本书能大致看到自己公司所处的位置，知道自己需要什么，那么这本书就实现了自己的价值。

（2）一个典型的PLM系统有哪些不错的功能

◇ 文档图纸管理

PLM核心的功能还是平台化文档图纸管理功能。

这是研发者智慧传承最好的工具。研发人员可以离开企业，但他设计的那些精巧的机构和图纸永远不会丢失，也许后来的研发人员水平不及他，但是他可以站在前人的肩膀上完成设计。

对，这项功能就是，研发人员虽然走了，但是图纸永远不会丢失，公司留不住你的人，起码留下了你的"魂"。

研发人员对于公司来说，应该属于核心资产，我们也听说过由于研发人员突然离职计算机中的资料跟着被清空的"惨案"，那边客户催进度，这边企业员工对着离职人员清空的计算机硬盘泪如雨下。

PLM的文档管理功能就可以完美应对这些问题。

它可以实现高效查询、共享、参照设计、版本管理等一系列功能。

这个图是某研发人员画的，他离职了，图却删不掉。

这个图上的数据是对的，它被共享后，别人就不会设计出数据有误的图。

这个图类似的结构被画过，调出来修改其中的数据就好了，系统还可以自动修改关联数据。

作为一个永远不会"背叛"你、不会离开的，集合了所有研发人员智慧的管理平台，PLM具备忠诚、智慧、省时省力等诸多优点。

◇ 部件管理功能强大

PLM可以进行完美的部件管理。

如果没有PLM系统，一般企业研发只能采用图纸管理功能，因为没有平台支持，我们的研发状态就是一个个研发人员在计算机前画图再画图，有的公司不愿意称自己的研发人员为"工程师"，而称他们为"绘图员"，其实就是因为最后的研发成果表达为单一的图纸；但是对于所负责的产品或者设备，没有部件管理，就没有办法实现产品研发的标准化，与标准化相关的文档必须是缺失的或者发散的，越复杂的产品，出错率越高，效率越低。

有了部件管理，我们就能把复杂的产品分成几个大块，再对这几个大块需要的所有的零部件图、工艺文件等进行整体关联管理，研发人员就能真正从重复的"画图"工作中走出来，去进行效能更高、更有价值的研发工作。

这就好比行军打仗的时候，小兵领到的任务就是尽量打死对面的每一个敌人，但是他们排的任务可能是守住这条战壕，他们连的任务是尽量给友军提供侧翼支援，他们团的任务是拖住敌后支援部队。

如果没有这种"部件管理"的意识和功能，每次分解任务的时候，就犹如打仗的时候不管三七二十一小兵先扑上去，先画呗，管它呢，其实你应该使用的战术和合理的打法组合早就应该成为一种惯性。

我们在做产品研发的时候，拿到产品图后要先分解主要模块，然后从我们的系统里找找看有没有匹配项，然后设定框架，一层一层设定工作任务，并把系统里有的资源给相关的团也好，连也罢，都分配下去，让大家在一个固定的逻辑和基础上展开工作。

如果每次打仗都是新兵当总指挥，你觉得这仗该怎么打？

部件管理功能在研发中就是帮助我们站在"成功"的基础上去探索，可以减少因为研发错误造成的成本损失，降低交期风险。

需要特别强调的是，在企业经营过程中，作为企业的领导者，你有没有"沉淀"过？

有的企业一直在努力向前奔跑，但是在这个过程中感觉自己没有时间"沉淀"和"总结"，对于没有时间去做总结和提炼的企业，PLM还是不上为好，毕竟小而美的"游击战"已经打了这么多年，也让企业"活"下来了，过程中可能充满荆棘和坎坷，但是咬咬牙总是能坚持的，那么别说PLM，任何数字化工具都不适合这样的企业，因为思想先于工具。

想清楚再做，就好比要去参加一个考试，还没想好要不要考，就买了一堆参考书。看吧，还没想明白要不要考；不看吧，觉得买都买了，不想浪费。

多少企业的数字化成了"鸡肋"？

◇ 沟通研发和工艺

如果你想管成本的话，多半要从研发开始。

比如，最近木牛流马的订单越来越多，但是算来算去，似乎利润一直在降低，我们这个产品是一个定制类产品，每个客户的要求都不太一样，所以在"装饰类"物料的定制方面，差别就会很大。

就拿东吴最近的一批订单来说，他们要求在马车的轮毂上加一圈"黄金色"装饰，却没有规定加多宽、加多厚，之前也没有这种装饰的标准，那么研发人员对于这种"不确切的要求"，就会有"不确切的设计"，说到底，成本控制得好不好对研发人员的影响其实是极小的。

有的研发人员不高兴了，"我们一直在尽量控制成本啊"，那么在现代管理学的量化管理中，应该怎么理解"尽量控制"？

说得直白一点，如果在绩效考核中对于研发部没有具体的"量化"考核指标，大家都是"尽职尽责"地"尽量"完成工作，这个问题是后期无论如何努力都无法弥补的。

研发人员所设计的产品成本如何，从框架的角度来说属于"天然属性"，很难在后期进行调整。

这也是很多公司做企业精益管理咨询没有效果的原因，因为能快速见效的部分集中在生产端。简单来说，加几条生产线，购入几个物料架把东西摆整齐是领导能看到的，能感受到的，在这个过程中再消除一点浪费，效果是很明显的，但是到年底的时候，领导皱着眉头看着那张没有什么长进的财务报表，感觉咨询没用啊，对于企业来说核心就是利润指标。

用给木牛流马镶金边这个案例来说，后期每一根木头都有自己的去处，没有一丝一毫的浪费，但是金边装饰，在设计的时候就"吃"掉了产品本来应该有的利润，后期再怎么努力都是没有意义的。

任何问题要从根本上解决都要针对系统去找到根因。

研发为什么要设计出一个昂贵的金边装饰？公司拥有成本管理总控职能吗？这些研发出来的图是否经过成本总控小组的评估？公司是年底算总账还是平时每个项目都有严格的控制目标并且分解给项目中的每一个成员？这个金边装饰是交给一个新研发人员设计吗？之前相关的铜边、铁边这些已经比较成熟的部件可以直接从系统中或者由资深研发人员交接吗？新的研发需求具体的研发指标是由哪位研发经理负责？

这些问题，你都回答得上来吗？出现问题的时候、检讨原因的时候要知道"一个巴掌拍不响"。

很多研发人员对于成本的认知可能更多集中在"材料"使用多少这个环节，关于其他环节，大部分研发人员确实是不熟悉的。

因为研发和工艺在大部分公司都是脱节的。

如果研发人员只负责画图，图是画得很不错，但是这个图实现的难度太大，工艺非常复杂，也许因为这张图后期还要新增加模具甚至是设备，然后加工工时增加了一倍，那么这张图后隐藏的代价可太大了。

我去过一家公司，咨询过研发端对于成本方面在研发时有没有考虑在内。他们的回答是，能少用一点就少用一点，最新的这款产品用料就减少了5%。

到了生产环节，车间主任带着满腔的怒气说："就为了那5%，我们还要重新定制模具，加工工艺复杂了那么多，这种设计简直就是'捡了芝麻丢了西瓜'，得不偿失。"

其实，这就是因为公司研发和工艺完全脱节导致的。

PLM可以帮助企业在推出新的产品时，将研发图纸同步生成工艺文件，并可以综合评估开发成本和产品成本，在业务和财务方面有ERP实现业财融合，在设计和工艺方面则可以由PLM实现设计工艺融合。

有时候片面不是由于认知导致的,而是由一个公司的组织架构、长久以来的文化形成的,如果没有一个好的工具和理念,很多东西就是捅不破的"窗户纸",谁都看得到,但是然后呢?

很多公司在调研阶段,每个部门的人对其他部门的问题都是如数家珍,可以说,问题谁都说得出来,怎么解决才是问题,谁来解决也是问题。

有时候我们会发现,能解决这个问题的部门或者人在公司组织中根本不存在,你也许会说起码一个公司得有总经理吧,就由他来解决啊。

我们来浏览一下总经理每天的工作日程,看看他是否有解决这个问题的时间,或者说他来解决这个问题有没有足够的支撑,这些问题是一次性可以解决的吗?

公司不是没有领导,而是没有领导机制。

PLM可以让我们把研发和工艺结合在一起考量,但是公司有没有工艺部门?公司有没有成本综合控制机制?公司有没有跨部门协同的管理方式?

工具是极好的工具,但是引入之前,你是否做好了准备?

言归正传，PLM是一个伟大的研发管理工具，除了上面所说的，它还可以进行项目管理，可以清清楚楚、明明白白地帮助我们实现研发科学管理，还可以和后端实现协同。

PLM就是一个不知疲惫的"研发总监"，穿插于各个部门之间进行研发数据交换，可以和所有市面上的设计软件进行集成。

ERP有BOM数据，PLM可以直接对接使用，CAD（计算机辅助设计）或者ProE（专业工程师）都有相关的接口可以无障碍接入。

4.CRM

CRM即客户关系管理，客户对一个公司有多重要不言而喻，没有客户，没有订单，后面资源、计划管理得再好，公司都很难"活"下去。

为什么会有这样一个系统？因为客户太多，仅靠公司的销售人员或者管理者的大脑，根本就无法处理这么多信息，疏忽之间，几个大客户就丢失了，给公司造成非常大的损失。

回想一下我们小时候挨家挨户拜年的情景，如果你的家族人丁单薄，三家四户的一定是家家不落下，但是如果你有80家亲戚，你能保证每一家都不落下，而且每家都礼数周全吗？

即便你没有那么多亲戚，我想你也受到过类似的指责，比如有人说："××家的那个孩子可是了不得了，见了面和他三舅妈都没打招呼，明明昨天还和他二舅妈聊得好着呢。"

对此，你大呼冤枉，说明明自己只是着急和弟弟出去玩所以没看到三舅妈。

这就是客户关系管理。

所以，当你的企业规模尚小，或者规模还行但客户总量有限时，我们维护和管理客户完全可以靠总经理和销售人员的智慧，辅以公司内部相对规范和稳定的客户管理流程就可以实现，此时这个系统你就不需要引入。

先说在没有CRM系统的情况下客户管理包括哪些内容，因为这部分内容和我们讲的ERP和MES的关系很紧密，不管你有没有这个系统，这些工作都要做。

我们知道MES要承接ERP的一个计划，如果有一天，你同时收到了10个客户的订单，你一天之内将其全部录入系统，按照ERP的无限产能逻辑，它是一同推进的，但是按照企业的产能，你一天只能做一个订单，请问该做哪个？

10个订单的销售经理都跑到总公司，一把鼻涕一把泪地诉说自己争取订单的不容易，这10个订单的交期是同一天，我们依据什么去做决策？是看哪个销售经理的面子大，还是看哪个销售经理的订单来得更不易？

这里有一个重要的概念，就是客户是需要分级的。

最优质的客户是信用好、给钱快、价格合适的客户。中等客户是信用尚可，给钱速度也尚可，价格也尚可的客户。最差的客户是那些信用差、给钱难、要求多、利润低的客户。

这里所说的客户分级就需要有一个数据模型，因为我们只说了"好""快""合适"这三个词，至于什么叫好、什么叫快、什么叫合适并没有具体定义，这些定义就是模型的数据基础。

如果你没有在线下做好客户分级，即便你有了ERP和MES，也无法做出最好的计划，因为你没有从源头上搞清楚客户的优先级。

有了模型和客户定义，而没有CRM，你可以依靠人工判断客户的优先级，有了CRM就可以依靠系统帮助你更好、更快地识别哪些是优质客户。

在我们排产的时候，先排A类客户的订单，再排B类客户的订单，最后排C类客户的订单，并且在力保A类客户交期的同时，通过细致的沟通和B类、C类客户有效协调交期，这就是客户分级的意义；而不是一群销售经理全部跑回总部，要求必须按照自己客户的要求来，或者质问为什么不优先安排自己的销售订单。

CRM的一个核心作用在于，通过数据的不断维护，帮助企业以更加科学的视角分辨客户级别，在上这个系统之前，员工必须有这个概念，因为这个部分也是"产销协同"中特别重要的一环，它恰好在系统之外。

（1）不是一个简单的系统，而是一种策略和战略

不仅是CRM，不管是ERP还是MES，都是无数优秀企业成功管理思维的凝结。

用系统、用好系统都意味着我们站在"巨人"的肩膀上，所有的系统都是基于战略和策略而生的，是优秀的企业历经时间提炼的管理精华。

CRM核心的战略目标是帮助企业提高盈利水平，增加销售收入，提升客户满意度。

作为一种商业策略，CRM是真正帮助企业落地"以客户为中心"的战略意图，太多的公司口口声声以客户为中心，但是真正运营下来，都是以企业自身为中心的，这样就无法让客户满意，进而"抹杀"了企业自身成长的可能。

CRM设计的逻辑和流程就是把以客户为中心的经营策略通过信息化手段进行固化和落地，包括把相关的业务流程设计为"客户中心"制，让我们对客户的承诺不再是一两个销售人员的"个人能力"，而是企业能力的真实体现。

比如，我们对于客户的诉求要有回应，如果没有CRM系统，销售人员可以口头回应客户，然后依靠自己的努力要求企业做一些事情去满足客户的需求。

比如，客户要求我们到场处理一件事情，这边销售人员答应了，然后他协调售后部门，但售后部门人力不足，于是他又找到了总经理……也许销售人员最后会因为事情太多而疲于应付，自己懈怠了，这个事情就不再跟了，我们的大客户也因此流失掉了，让公司一年损失了几百万元，这就是销售管理中常见的"蝴蝶效应"。

如果企业有CRM系统，客户的每一个诉求都可以通过业务流程的正常流转得到合理对待，公司不再凭借销售人员的个人能力大小去满足客户的要求，那么公司对于客户的吸引力也会大大增强。

CRM就是把世界上先进的营销理念植入系统，然后借助数据分析和管理工具对客户需求进行充分预判和响应，让企业和客户的关系越来越好，也让企业呈现出的专业性越来越强。毕竟一个电话打过去就得到想要的服务与不断进行电话沟通客户需求却没人响应这种情况，高下立见，客户选择也是显而易见的。

这是一套无法"偷懒"的系统，到时间了，销售人员该打电话就打电话，该拜访客户就去拜访客户，有一套无法逾越的规则把你牢牢绑在"为客户服务"的柱子上，从而杜绝人力的"不可靠性"。比如，销售人员心情不好，电话忘记打了，也懒得去拜访客户了，客户的诉求也懒得理了，等等。

总之，CRM就是为了维护好客户，把先进的销售管理制度和现代信息化结合起来，帮助企业维护好和客户之间的关系，让企业形象更好、让订单更多的一套系统。

如果企业的客户少，就不需要引入CRM系统，但即便是客户少，企业也需要用这种理念去建立线下的CRM，做好客户分级，做好客户响应。没有信息化的时代也有伟大的公司，重要的是看人家做对了什么。

（2）真正实践"把客户放在心上"的系统

企业规模一旦做大，客户数量就会大量增加，客户信息管理就成为一个难点。

简单来说，一个班只有20个学生，班主任对这20个学生的家庭情况，他们的爱好与个性，一定了如指掌，但是如果班里有80个学生，可能很多信息就模糊了，甚至有的学生名字就在嘴边却叫不出来。所以，一般学校成班的规模就会限定在50人左右，再多就超出了老师的管理能力，有一些孩子的需求老师就没法关注到。

系统给了我们管理"无限数量客户"的能力，客户规模、联系人、往来订单、应收账款、首次下单日期、末次下单日期、平均采购周期、预计下次采购周期等所有信息，系统都会进行详细记录，这种管理能力是远远超过纸质或者表格记录的；并且CRM可以通过多维度的统计，帮助企业进行客户分级，比如经常在销售会议上使用的累计销售毛利率、累计订单数、订单趋势图等，原来需要大量人工在线下进行统计的表格都可以经由系统生成，大大提高了销售管理效能。

对于销售部门的管理者而言，很多时候开销售管理会议会问到"这个客户有没有联系啊""最近有没有交易机会""老客户有没有联系"这些问题，这种由领导者发起的自上而下的销售日常工作盘点占用了大量的有效工作时间，最终伤害的是企业的利益。大家耗费大量的时间去开低效的会议，那些特别珍贵的、可以为企业创造价值的时间，就被白白地浪费了。

有了这套系统，客户有没有及时联系跟进这类问题只要设定在工作台里就会按期推送给企业的销售人员，销售人员要对这些问题进行确认。这个部分类似于MES中的跟进系统，如果销售人员没有跟进，系统就会多次推送，若销售人员还不跟进，系统就会将其推送给领导。

还有一些关于老客户的跟进的问题，系统可以按照设置去定期推送近期没有采购的老客户的信息，要求销售人员去跟进。如果确实丢单了，销售人员需要对具体原因进行记录，以帮助企业完善自身管理。

有一些销售人员为了一己"私利"会刻意隐藏一些销售订单信息，但是其实有一些订单不是销售员这个级别可以拿到的，这些信息如果没有被高层管理者知悉，订单就不会获得资源的倾斜，最终会让企业丢掉这个订单。有了系统我们就可以从制度上要求销售人员将订单信息如实报备，以确保企业的利益。

当一些销售人员离职的时候，其他销售人员也可以依据系统里翔实的工作记录继续跟进一些机会订单，以免造成人力和客户资源的浪费。

通过这种看似"事无巨细"实则步步缜密的过程和数据管理，可以帮助企业更多地关注销售中的过程管理，也可以帮助企业公平公正地评估销售人员的工作量和工作绩效，最重要的是，可以帮助企业在不好的结果发生之前就看到这种趋势，并及时进行行为和策略校准，让企业更好地掌控"自己的命运"。

（3）可靠的营销过程管理工具

关于销售的认知，很多领导者认为，销售主要靠个人能力，所以常常高薪去聘请优秀的销售经理。销售是一个企业的"命脉"，产品再好，没有销售、没有利润企业就"活"不下去；而优秀的销售人员，他们积累的那些优秀的销售案例也大多是因为销售人员的一系列科学的行为而最终产生的结果。

当我们想要提升企业整体营销水平的时候，就可以用CRM的销售漏斗相关的功能，通过该功能可以把优秀销售人员的套路绑定在企业里，强制复制他们的技能。

很多领导者会告诉下属："不管怎么样，我只要结果。"

对于本身拥有这种达成目标的能力的团队来说，也许领导不要求他们也能做到，但是对于本身就基础薄弱的员工来说，就好比小学生拿着高考题，领导说"不管怎样你也得考600分以上"，那未免有些荒诞。

现代管理学（包括现代营销）告诉我们，营销管理重在过程，结果都是由过程形成的，控制了过程就控制了结果。同样地，过程管理失控的情况下，结果也一定是失控的。

如果你的公司已经达到一定的规模，而此时你也觉得销售管理应该谨慎、细致、科学，那么用信息化系统进行管理就是一个不错的选择。

就像我们早晨做计划的时候，如果事情没写下来，可能今天就忘记做了；又或者早晨做计划时写下来了，但是因为事情太多或者其他一些原因今天没有完成，只好明天再干吧。

有痕尚且可以不做，何况无痕呢？特别是一些重要的商务往来行为，我们不仅要求系统里有计划，而且如果计划没有完成系统会一直给你弹窗提醒，强制你做到，从本质上和你的惰性和"摸鱼"行为做对抗。

除了CRM，任何的信息化系统都是为了固化规则而生，终极要义，就是通过强制员工完成科学的管理过程而达到好的管理结果。

人性，就是应该去对抗的；人性，也是应该去尊重的。

别再说员工不自觉工作，员工能力差，等等，我们需要关注的是可以做什么去弥补员工的不足。

CRM可以完美实现对销售人员的营销行为的过程管理，管理的核心就是控制每个销售人员每天做哪些事。

对很多企业来说，最让领导者头疼的一点就是销售人员不受控制，但是面对这些能给企业带来业务的"大将"，很多领导者是"想管又不太敢管"。有一些销售人员在达成今年的目标后，会因为人本身的惰性而"躺平"；也会有一些特别好的销售机会，因为接触商机本身的销售人员的判断能力有限，没有及时获得公司的支持，让公司的大单"飞"走。

这些问题，CRM都可以为我们提供对应的解决方案。

这里我们依然需要强调，CRM是一套好的工具，关于工具的使用规则，你得按照公司的策略也好，战略也罢，一套套分解出来，套用CRM系统里既定的框架可以，但是细则必须按照自己的来。

如果因为引入一套系统而把销售人员都"逼"走了，那就不如不引入信息化系统。

（4）完备的电子商务功能

CRM除了不可替代的"客户关系"核心功能和过程管理功能，还具备电子商务和客户服务等功能。

这些功能适用于非大型工业行业的制造及销售企业。

营销管理模块的主要功能是直接对市场营销活动加以计划、执行、监视和分析，使得营销部门能够实时地跟踪活动的效果，执行和管理多样的、多渠道的营销活动。

电子商务实质就是网店支持，可以帮助企业在网络上销售产品和服务。企业能够创建个性化的促销活动和产品建议，并通过互联网向客户发送，同时可以结合当今通用的电子支付模式，让客户在网上浏览产品和服务并支付账单。

客户服务模块可以完成客户售后、产品维修等一系列诉求，主要有现场服务分配、现有客户管理、客户产品全生命周期管理、服务技术人员档案、地域管理等功能模块。

客户服务模块通过与ERP的集成，可进行集中式的与售后相关的员工定义、订单管理、后勤、部件管理、采购、质量管理、成本跟踪、发票、会计等的管理。其核心功能就是保证客户的诉求在公司不会"沉没"，特别是对于一些服务性企业来说，客户服务本身就是业务的重要组成部分，需要将这些服务转为订单制管理，以确保每项服务的品质。

依然是那句话，在选择系统时，要选择自己需要的。

在客户关系管理方面，如果确实因受规模和预算的限制，不需要上系统，就好好理解这套系统的逻辑是什么，再将其投射在自己公司的管理上，从中发现自己应该去做哪些改善。

当然，领导者绝不能只是说说而已，我看过很多管理"躺平"的公司，就是说得太多，做得太少，往往一项决策传达下去是"雷声大，雨点小"，明明说好的PDCA（全面质量管理的工作步骤），最后只看见"P"。听起来是个笑话，但是短期内看不出什么不同，然而过五年甚至十年再去回看，就会发现公司和公司之间的差距非常大。

善用系统思维，不一定要使用系统，系统是管理的精华，你能驾驭这些系统思维的时候，自己的公司一定会从这些动作中受益。

所以，理解CRM系统，然后提炼其中的管理路径，并将其转化为自己公司的管理制度，持续改进，也是我们不负系统的一种方式。

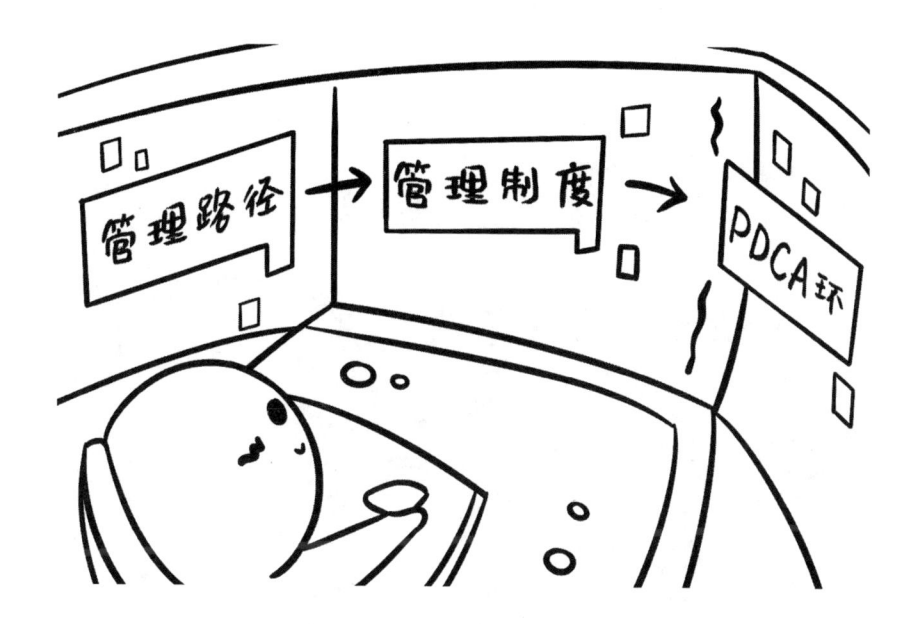

CRM不是一套系统，而是一种管理思维，是无数优秀企业多年管理精华的合集，如果你能完全读懂CRM的管理逻辑，并不断进行反思，进而使用和改进其中的管理逻辑，无论最后你是否使用了这套系统，你和公司都会从中获益。

5.SRM

有客户关系管理，就有供应商关系管理（SRM）。

比起客户关系管理来说，供应商关系管理在知名度、使用普及率等方面都要弱一些，这种现象其实也是由大部分企业对自己"甲方"身份的"充分认知"导致的。

大家为什么都喜欢当甲方呢？

因为甲方拥有更大的话语权，对供应商而言，它们是说一不二的存在，这也导致大部分甲方都认为，供应商关系不需要管理。

"还要管理供应商关系？笑话！"

"我让他怎样就怎样，甲方市场就是这样的！"

我们不能完全否定这种想法，但是企业也可以做到更好，供应商关系管理系统就是为了"更好"而生的。

三国时期，诸葛亮出祁山北伐曹魏，每一次出征前，这些军士所用的马匹、粮草、装备等，蒋琬都不是从一家募得的，战争的后备工作可是一个大工程。

我们设想这样一个场景：满身伤痕的大将瞪着铜铃般的眼睛目光灼灼地看向敌方，他还想再战几个回合，这时一个小兵来报："将军，我们粮草已断！"这时候将军的眼神瞬间涣散，这仗是没法打了。很多时候，我们必须承认不是仅靠努力就能成功的。

我和很多企业的管理者聊过，对于生产单位的负责人来说，他们经常提到欠料这个问题，有的管理者甚至讲过，只要不欠料，生产效率至少可以提高20%。

生产计划排下去了，但是物料没到，这条线就会断掉，或者临时换线，这种损失是很大的。

欠料一方面与企业的物料控制体系有关，我们会在第二部分讲解相关内容；另一方面和企业的供应商管理有直接关系。

供应商管理得好，"粮草"就不会断，我们的产线就不会停，对于任何企业来说，我们要做的事都是保证企业每天创造每一分价值的时间都创造了相应的价值，否则我们不仅没有赚到钱还可能会赔钱。

为企业提供"粮草"的供应商，在这个时候我们就不能以甲方、乙方的视角去"俯瞰"它，而是要把它看作自己的生意伙伴，毕竟它的可信赖程度决定着企业的生产动力是否充足。如果由于供应商供应不及时导致企业生产断线，我们失去客户的信任，那么企业所损失的可不只是眼前的那一点点利益。

SRM本质上是为了改善企业和供应商之间的关系，希望在企业和它的供应商之间建立一种长久的、紧密的、和谐的合作关系。

说到市场竞争，在竞争激烈的市场环境下，很多时候我们都在打"价格战"，比如竞争企业的阀门卖8.5元/个，我们一直卖9元/个，这0.5元的差价必须打下来，如果可能，最好直接打下来1元，从而在产品价格上压制住竞争企业。

请问，这1元怎么实现呢？

领导说："内外都努力一点，我们自己降5角，供应商降5角。"

先不说企业的这5角怎么降，供应商的5角该怎么去降？

有人说："我们公司年度成本降价最简单的操作就是供应商降价，我们作为甲方，让供应商降多少它就得降多少，你降不了就别想拿到我们公司的订单，自然有供应商可以降价。"

我想说，大家好才是真的好。

供应商在降价的过程中，是通过哪些手段实现的？它只是压缩了自己的利润空间还是通过降低自己的生产成本来达成目标的？

大部分人认为，管它怎么降的，反正能降价就行；但是，企业真的是要看看它是在哪个地方来达成目标的，如果强行压低利润空间，会不会把供应商的现金流压榨到崩溃？客户这边不停加单，而供应商这边断货了，企业怎么会不受影响？

如果供应商降低了自己的产品成本，那它是怎么做到的？通过提升管理，还是通过精细下料？它会不会牺牲了产品品质来达到降成本的目标？

如果真是这样，对我们来说就是得不偿失了，也许企业的来料检验体系并不完备，很多品质保障本身就来自供应商，那么产品的品质风险也将来自供应商，如果供应商咬牙切齿地降了5角钱，但是交付的产品最终影响到企业产品的声誉，那企业的损失可就太大了。

通过以上案例，我们就能明白，供应商关系管理还是非常必要的，依然是那句话，不管你有没有引入信息化系统，你都得有意识、有反思，再有行动。

企业没有信息化系统是可以的，但是没有系统思维是不行的。

（1）供应商的周期管理

对于规模比较大的企业来说，供应商的选择与管理对企业自身的发展是非常重要的，可以说这一片大好的"江山"，应该是企业和企业的供应商一起打下的。

近几年市场上出现了很多"生态"系产品，比如小米生态和华为生态，这种"生态"系产品就是品牌的供应商和代工厂与品牌共同良性发展的最佳案例，更多的优质品牌公司不再靠自己"单打独斗"，而是更多依赖于将自己的解决方案和管理方式复制给自己的生态合作伙伴，这样一来，在放大品牌力的同时，企业也获得了合作的"利润"，扩大了自己的盈利能力。

所以，把自己的供应商、代工厂打造起来，对于企业本身来说意义重大。

好的供应商对于企业来说就是一只"机器猫"，企业想要什么，想什么时候要，要什么标准的产品，供应商都能给企业安排得妥妥的。

供应商常有，好的供应商不常有，这不靠缘分也不靠命运，而是依托企业一系列科学的供应商选择流程和管理实现的。

SRM就提供了一套基于供应商发掘到培养甚至到淘汰的全周期管理模式。

从供应商的准入门槛设定到它通过准入成为我们的潜在供应商，然后进行正式供应商准入考评，继而成为合格供应商名录中的一员，再通过具体的招投标流程，成为有正式合作关系的供应商开始为我们提供相关的产品和服务，当然，这并不是一劳永逸的。

每年我们的供应商都要经过评估，然后按照质量、业绩、交期等各种评估数据进行供应商分级，同时及时淘汰一些不合格的供应商。

所以，SRM系统提供了一个供应商从"生"到"死"的全流程解决方案。

SRM系统可以帮助企业规避很多风险，比如"从天而降"的关系户，

"倚老卖老"跟随企业多年发展但其实已经跟不上企业发展步伐的早期供应商，等等。

信息化系统对我们最大的意义就是流程的完美性，并且只要能用，信息化系统提供的数据和结果是非常准确的。

当然，信息化系统做不到的事情也很多，比如每一个流程的标准设定，如果公司在上系统之前，在标准方面一片空白，那么这套系统企业一定用不起来，不仅限于SRM，而是所有的信息化系统，因为没有标准意味着没有流程，没有流程就意味着没有人为这个事情负责，也就意味着这件事没人干。

所以，很多公司上了系统，但是系统"不能用"，实质上是公司的内生组织和流程并不支持系统的使用。

打个比方来说，原来这里有一口井，但是从来没有人来这里打水，你把井口翻新修整了一下，就会有人来这里打水吗？

人的行为不会因为环境的改变而改变，除非组织赋予他这项职责，而这项职责不是孤立存在或者临时设立的，是整个体系的要求。

一些公司的计算机里有各种完善的信息化系统，却无人问津，一句"不好用"背后的含义是"不用也可以"，公司如果没有一套标准的流程，或者说不走流程也可以，或者说不走系统的流程这件事情也能办，那所有的信息化系统对公司来说都是没有意义的，企业自己无法转型的时候，数字化转型也就无从谈起。

有用，也得有人用。

不用会怎样？

谁来保证真正得去用，谁来监管用得不好怎么处理（有没有奖惩机制，有没有绩效考核）。

在信息化建构与企业能力提升方面固然可以走一条捷径，就是借助已有的去上一些成熟的系统，但是也需要同步建立和完善组织标准，然后把这些标准融合在我们的系统里，走到这一步才算是站在"巨人"

的肩膀上。

（2）战略采购实施

在聊到采购部的时候，一般公司其他部门的人都会略有微词，诸如没什么能力，就是个发单、催单的，或者采购没什么技术含量。

确实，很多公司的采购人员就是根据研发或者生产部门提交的物料清单来下单采购，当然，由于要采购的物料品种又多，数量又多，采购人员根本不能判断自己到底要买的是什么，那么就得由请购人员提供品牌、型号，甚至是供应商等信息，价格大概也谈得差不多了，采购人员直接下单就可以。当然，如果同时有几个部门下单请购同一物品，采购还是可以合并处理的。

从这个角度来说，引入SRM系统真的是非常有必要的，这样一来就不会出现请购人员填写一遍，采购人员照着组合一遍的情况。至于应该以什么价格购买，系统里有一些价格历史记录可以查询，并且能够生成相应的价格曲线、降本指标等，从而可以帮助采购人员更好地完成采购作业。

采购，同样是一个非常重要的管理环节，在20世纪80年代，著名咨询企业科尔尼（A.T. Kearney）公司提出了"战略采购"策略，这套基于采购的管理方式已经在很多企业得到应用。

官方是这样定义战略采购的："它有别于常规的采购管理，注重的是

'最低总成本'，而常规采购注重的是'单一最低采购价格'，它用于系统地评估一个企业的购买需求以及确认内部和外部机会，从而减少采购的总成本，其好处在于充分平衡企业内外部优势，以降低整体成本为宗旨，涵盖整个采购流程，实现从需求描述直至付款的全程管理。"

简单理解就是，每一笔交易的最低价不是我要的，整体最低才是我的目标。

有人也许会说，每一笔交易价格都低，那总成本不就是最低的吗？

当然不是，你应该这么理解，也许我买一个配件可以选两种型号的产品，一个价格低一点，另一个价格高一点，这个价格低的产品也许质量稍差，那么虽然采购成本低了，但是事实上，企业付出的代价更高；又或者价格稍高的产品的质量和价格稍低的产品的质量差不多，但是因为在未来的培训属性上高价格的供应商更能由普通的交易关系上升到合作伙伴关系，成为"自己人"，在企业的帮助之下其产品成本能降低更多，而之前那种一味降价的方法只能让供应商成为企业的"仇人"，企业未来的降价空间又很大，那么企业就会选择当下看来比较贵的这一家去培养。

所以，战略采购是用带着爱和挑剔的眼光去挑选自己的供应商、培养自己的供应商，并且用一系列的战略手法帮助整个企业提升企业供应链管理水平，所以，这是个"大工程"！

要实施战略采购管理，要从供应商的选择、培养、发展以及双方关系的融合升级等方面进行很多细致的工作，还要通过监控供应商的行为及其履约能力对供应商进行绩效评估，仅靠人力来计算供应商的能力和分数难度极大，并且由于数据量大而统计方式比较单一，企业无法从数据中发现想要得到的结论。

这就如同对于同一组数据，不懂数据的人只看到单一的数字，看不到其中隐藏的趋势和内涵，而懂数据的人就可能从中发现一些了不得的结论，从而产生了一些了不得的发明和创造。

懂数据的人不常有，所以有些企业的领导者的判断常常建立在并不客观的数据基础上，负责任地说，灵感适用于艺术和创造，却并不适用于如此缜密的分析；并且我们的企业最终是要靠这些结论去获得增长点并做出决策的，这就是所有信息化系统最大的价值。

你不需要数学家，也不需要具备超强能力的员工，也不必依赖员工自觉去完成一些工作，只需要利用信息化系统，让大家按照节奏输入一些数据和完成一些工作流程，信息化系统就可以帮你完成原本由"超能力"人士完成的工作，但要注意逻辑要正确，数据的真实性要有保障。

SRM系统可以帮助我们从采购需求导入，到确定供应商，进而签订合同，转化为订单给ERP，然后进行订单协同，订单完成后对收发货进行管理，最后进行对账结算完成订单。

SRM系统可以最大限度地帮助企业提升采购效率，降低采购成本，打通信息流、物流和资金流，帮助实现集约型采购模式。

对于集团来说，采购平台化可以大幅提升战略采购的比重，同样的物料，每个月分批购买和一年战略采购的价格差别很大，下辖的公司各买各的和由集团指定一家供应商价格的谈判空间有很大的不同。

有了SRM系统，可以使采购流程实现全面闭环，也可以尽量避免采购过程中的一些"黑灰色地带"，实现集团利益最大化，从而帮助企业完成战略采购。

采购过程的集约公开化，可以驱动战略层进行降本增效，降低采购单价，同时通过公开电子招投标形式，推动企业更好地进行采购产品寻源，使采购从线下来到线上，很多与腐败相关的环节可以得到有效规避。

所以，SRM可以帮助企业缩短采购周期，降低库存，降低延期交货的风险，在实现采购率提升的同时降低企业采购成本，但仍然要注意标准的设定以及由谁来执行。

当没有内部管理支撑时，任何信息化系统都无法使用。

6.HRM

很多公司的OA（办公自动化）系统其实都涵盖了HRM（人力资源管理）系统，为了提升使用体验，企业应尽量使用同一家的信息化产品，这几年，软件公司都在做拓展融合。

当看HRM系统的介绍时，我们会发现它的功能是非常强大的，比如包含CRM、SRM的很多功能，也是为了提升使用体验，更多企业倾向于尽可能地使用同一家公司的软件产品，毕竟同一家公司开发的系统，在界面风格和逻辑方面都是相近的，所以，近年来行业头部的几家软件公司基本上已经做到了全路打通，逐渐向一个平台公司靠拢。

"一站式"解决方案可以节约双方沟通的时间，至少可以大幅减少磨合的时间，如果企业的六套系统有六套人员，那么在线下认识对方、熟悉对方的习惯也会占用很多时间，特别是对于业主来说，他可能有一个诉求，但是六个公司中有四家能解决这一诉求，那么用哪家的软件来实现呢？它们之间的协同该怎么处理？

如果用一家或者两家的软件产品来解决所有的问题，确实对于由习惯、交叉协同引起的沟通性问题会少很多，但是也意味着系统没有那么高的定制性，就是我们自身的水平要达到一定的阶段，才能对供应商提出的方案说此方案可行，我们可以。

这就好比两个练武的人下山去买兵器，第一家兵器店只卖两种兵器，其中一个人只会一种兵器还是店里不卖的，他内功也练得一般，不能很快上手新的兵器，那么他就买不了、用不上；而另一个人平时基本功扎实，从小开始练十八般武艺，不论是什么兵器都可以用，只要加强练习，假以时日他就可以做出选择。

隔壁也有一个兵器店，这家店不卖现成的兵器，只卖定制的兵器，就是顾客需要什么兵器，店家就给定做什么兵器，客户把自己习惯的方式告诉店家，店家立马开火铸铁给客户打造兵器。

那个基本功不太好的人心想："这家可是适合我，那家卖的东西种类太少"，然后他就定制了一个奇奇怪怪的兵器，但是他用起来比较趁手，这个人用了一段时间以后，自己对于学武有了更透彻的理解，再看自己的兵器，觉得它影响自己的功力提升了，然后他又来到这家兵器店要求他们按照他现在的水平在原来的基础上对武器进行了升级。

几年过去了，他一直在进行武器升级，在考虑什么样的兵器更适合自己，直到有一天他路过第一家店，他突然眼前一亮，这不就是我梦寐以求的兵器么，我当时怎么就没看明白呢？

类似场景是我们企业上信息化时经常遇到的，第一家应该是一家规模比较大的公司，他们提供的解决方案是从更多的成功案例中萃取出来的，但是我们还没有达到这些成功的案例企业的管理水平，所以我们看不懂，便以为这不是我们所要的。

第二家就是相对规模较小的公司，它们的特点就是可以定制，可以完全按照你的管理思路来，换句话说就是你现在管理水平的线上版，把原来线下的工作一比一拖到线上，无法带给你进步，但是你以为的最顺手的工具。

所以，我建议大家去透彻理解系统的管理思维，用来对标和反思，至于你是选择"第一家"还是"第二家"，其实没有好坏之分，因为只要是选择，就不可能鱼与熊掌兼得。

因为本质上，第一种选择是通过使用好的工具倒逼你达到更高的管理水平，但是也有很大可能直接"拉断"，系统直接被你弃置。

第二种选择就是通过使用系统，让你获得更多看到数据、感受数据的方式，慢慢发现自己管理中存在的问题，一步步升级走向第一种选择，这种付出的代价会高一些，也可能会让你永远待在舒适区里失去向上变革的力量，将企业管理固化在较低的水平。

所以，怎样选择都是可以的。

只是核心，你需要明白，我们是在通过外在的工具，也就是系统倒逼公司的管理能力提升，一个公司只有管理从本质上发生改变，系统才有意义，否则，皆是虚无。

我们来看看包含OA的HRM或者说是包含HRM的OA。

（1）OA

OA不在公司的生产、采购、销售环节直接产生价值，但是它更像是一根根不起眼的毛细血管，能帮助公司运送全身的血液，是周边里最重要的。

我们在评估一个公司的重要部门和相对不重要的部门时，行政后勤部门似乎是其中最不重要的那一个。

OA主要为行政服务，它的存在感和行政后勤部门有些类似，也是看起来没有存在感，却是公司不可缺少的重要组成部分。

上到公司的各种政令宣导，下到公务车管理等杂事，所有的流程审批类工作都需要在OA里完成。

如果没有OA的话，企业员工在日常工作中就免不了因为一点小事去走烦琐的流程和审批，管理者不是在签字就是在等待其他人签字的过程中，根本没有时间去处理更有价值的事情，当公司中的每个人都被这种流程困住的时候，可想而知，公司的整体效率就不会很高。

◇ OA，让杂事不杂

OA一般具有新闻公告、协同办公、文档管理、日常报销、内部通信等功能。

这套线上系统可以通过电子流去处理很多细碎的表单和流程，也可以通过系统看到事件进度和逾期时间，可以说这是一种非常好的向上管理的系统，我们不需要站在领导门口等流程，而是反推告诉领导如果这件事你没有处理会对什么事情造成影响。

流程中的所有人都会通过这个过程反思流程的必要性，这个流程必须经过我吗？经过我有没有意义？什么是最有效率的方式？

之前，我们在线下看不到的工作量也会通过系统被看到，原来可以"摸鱼"的员工在系统的监督之下基本上毫无隐身之力。流程到你手上了，你完成了还是没完成，结果如何，用了多长时间完成，都可以从系统中导出。所以，一般OA会和HRM打包，是因为HRM要解决绩效的问题，好的绩效考核是用真实的数据说话的，我们通过OA获得了想要的绩效数据，就可以将其并入工资和奖金核发。

当然，那不是OA的核心。

◇ **绩效达成应该是OA的核心功能**

打仗的时候，部队里是分工明确的，这里我们单看负责后勤保障工作的炊事班。

炊事班做的工作看起来比较细碎，如备料、找柴火、备食材等。

似乎每一件事都是小事，但是缺少了哪一环，都可能影响战士的身体健康，甚至导致战役的失败，而每场战役都是整体战术中的一环，战争就像多米诺骨牌，一场战役的失败对战略层有重大影响，甚至可能导致战争的失败。

所以，事情没有大小之分，很多细小的事情也需要认真执行，因为在这些事的背后都是公司的战略布局，这也是OA看似执行的是细碎的工作却不可或缺的原因。

那就是，它们都是为了实现公司的战略而设定的。

公司常常用来进行战略管理的工具就是通过绩效考核，分层设定目标去保障整体战略目标的达成。

很多公司的绩效考核做得都不太成功，首先是不清楚考核什么，其次是过程数据难以获得。

不清楚考核什么是因为公司的绩效一般是人力资源部门按照领导的安排独立或者与有限的几个部门共同商量出来的考核指标。有人会说，当然要人力资源部门去做，因为这项工作本来就应该由人力资源部主导，至于找其他部门商量，当然是考核哪个部门，被考核部门更清楚自己的指标。

按照这个逻辑，不就是以自己架构的标准来要求自己？

我们前面有讲过战略、战术和运营的关系，绩效考核是决然不能脱离公司的顶层架构而独立存在的，否则它就不是绩效考核而是"事务"的简单考核。

由公司战略往下分解到战术，再将战术分解成若干小目标，大家才有了目标和考评体系。

有了考评体系，还要看有没有支撑这个考评体系的流程和人，这些流程支不支持指标达成，有没有人具体干这些事情。如果没有流程、没有人干事，请问你的考核对象又是谁？

有人说，一切都有领导者，就应该考评他。

仅靠领导者能不能达成绩效我们需要赌一把，就是要看他本人的能力水平如何，因为他没有体系。

现代管理中，大领导拍着桌子说："我不管三七二十一，反正你得给我拿下。"这种领导者终究会越来越少。

领导者，不只得谋，还得去架构公司的组织，主动带领大家分解公司的战略，去评估战术和运营。

OA系统就是运营的监督和表达，每一项举措、每一项由公司战略分解下来的制度措施，都由系统去履行自己的传达者、管控者和数据收集者的职责。

我们在前文中讲过"系统不好用"所以"不用系统"这种普遍存在的认识误区，如果有组织和OA的绩效作为支撑，这个问题就有了解决的抓手，先强制使用，将其绑定在"每人必须完成的基本工作事项中"，然后对使用的相关部门领导下达强制性任务，对执行的结果建立专门的评估机制，这个事情就能慢慢推进。

系统和系统之间的关系非常有趣，它们有时候相互支持，互为对方提供数据和抓手，有时相互制约，最终为决策者呈现客观准确的结论，所以仅使用一两种系统或者拼拼凑凑使用系统的所谓"数字化"转型企业的"转型"都不太成功，就是因为没有完全理解系统背后的逻辑关系。

系统比人更可靠的原因是系统不会投机，但是首先系统背后的逻辑你要建构明白，如果你做了一套背离了公司的大战略的管控系统，那就是给自己成功的路上"使绊子"。

本书不会告诉你系统背后的逻辑是怎么架构的，它先进在哪里，因为这些系统供应商都会告诉你。

我希望通过这本书，告诉你系统背后的管理学逻辑以及上系统之前要做哪些准备工作，认清自己比选择谁更加重要。

只有看到本质，才能明白自己要什么，才会选择，才能不再浪费时间和金钱。

如果你把OA就当作OA用，也可以；但是如果你把OA作为一个实现战略目标的工具使用，效果会更好。

（2）HRM

公司核心的资源是什么？人才。

有客户请我诊断一下公司的管理问题，我一般会反问："请问公司现在想解决的主要问题是什么？"

如果一个公司从来没有深度审视过自己，其他人又能有什么作为？

这里我并没有批评咨询同行的意思，只是自古以来，便有"医不叩门"的说法。

有时候，我们作为咨询者满怀热忱地到客户面前，说到最后往往感动的只有自己。

随着时间的推移，我基本上不会再因客户对于"建议"的反应而受到影响，他们的指责、怀疑或者不屑，不过是他们的选择和表达，从根本上来说，也是他们和自身问题的斗争，作为一个完全的第三方来说，看过就好。

很多公司不缺人，但缺才，很多管理者抱怨自己的下属能力有限，却从来没有反思过自己的能力是不是已经达到了公司对于这个职位的要求，很多公司湮灭于市场，就是人的问题造成的。

中国大部分的公司都没有非常完备的人力资源体系。

所以，HRM是个好工具。

HRM一般围绕选人、育人、用人、留人/淘汰人等环节设计。

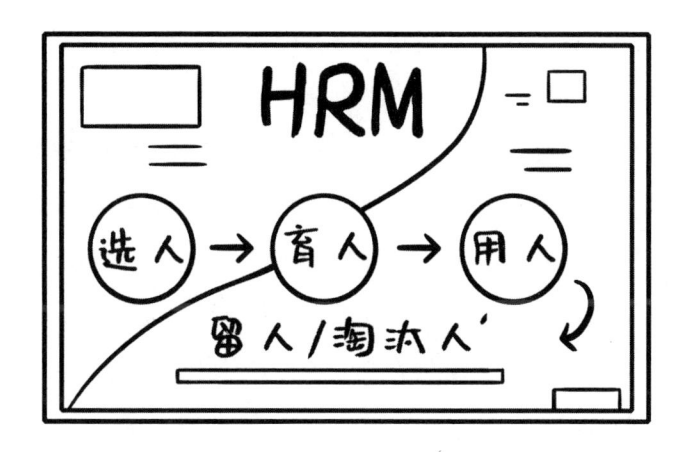

◇ 选人环节

在选人环节，如果没有一套趁手的工具，我们就无法知道公司到底应该招聘哪方面的人才，应该招聘多少人。

按照一般公司的选人惯例，都是各个部门提报需要招聘什么样的人才，需要招聘多少人，人力资源部门一般是以各部门提报的数据为基准进行招聘，但是很有可能出现人招不够因而无法满足公司的需要，或者是人招得过多，造成人力浪费的情况。

当人力资源部门没有一个招聘大纲时，选人的第一个环节就开始走偏。

那到底什么是招聘大纲？

当然是公司的战略，由公司战略延伸下达组织后，才有了人力资源的招聘大纲，如果问一个公司的人力资源总监说："你们公司今年的战略目标或者产值目标是多少？"他可能会比较疑惑，或者说招聘工作似乎和这些都没有联系，这样的招聘就基本属于"无纲招聘"。

至少我们应该意识到有多少人就干多少事儿吧。

有了HRM，我们可以看到历史岗位人力情况，特别是匹配历史公司产值得到公司人均产值（估算），再结合历年来的岗位离职率分析等各种报表，相对精确地得出现在公司的人力资源情况是否满足当下的需要，然后根据各种测算结果列出招聘清单，包括招聘人数和要求，接着便可以展开招聘。

对于一个大型集团公司来说，可能会有很多不同的招聘渠道，包括内部推荐、网站招聘、猎头等，在HRM里，可以对不同渠道招聘的人才资源进行整合，并通过系统全程记录从简历筛选到面试、笔试的全过程，既保证了过程可靠、可查，也可以对各个过程进行评分，同时杜绝了过程中因某一位面试官强烈的"个人喜好"把不适合的人招进公司的可能。

在选人环节，可以通过系统完成"全生命周期"管理，并帮助公司累积宝贵的"初始数据"资源，未来在这个员工发展得特别好或者特别不好时，也可以借由系统去总结一下当时选人做对了什么、做错了什么，帮助企业炼就"火眼金睛"。

◇ 育人环节

人员进入公司以后，便进入了育人环节。

人才很大程度上是培养起来的，一个公司有完备的育人体系对于企业和被培养的人来说至关重要。

HRM育人体系可以让管理者根据岗位职责去编制岗位能力说明书，然后根据公司需要本岗位员工具备的能力去打造相应的育人体系，包括接受什么培训，需要完成哪些课程或者课题，完全可以把育人体系打造成游戏里升级打怪的模式，大家过了一关，就拿到了相应的积分作为奖励，这个积分在升职加薪和分配奖金的时候会被计算进去，让公司的员工不得不学，也更愿意学。

我们常常遇到一些平均年龄结构相对较大的公司，让这些公司的人改变思维是特别困难的，晓之以理、动之以情在他们面前几乎没什么作用，这些饱经风雨"看透一切"的老同志，早就知道你想给人家"洗脑"的小心思，铜墙铁壁早已树起来了，就是为了对抗外来"侵略者"，你怎么办呢？

和工资、资金挂钩，考勤是上满21天给全勤工资，少来一天扣一天的钱，培训是上满多少学分给多少绩效积分，少多少分扣多少绩效，那么，他就不仅得来，还得完成作业，还得把课程上学到的方法用到工作中去。

这样的培训才是好培训。

所以HRM育人体系就是依托对于岗位的精确分析，科学匹配课程和课程效果管理统计体系，让公司员工获得整体素质的提升，虽然HRM是个好用的统计工具，但是课程设置合不合理、岗位职责是否明确、师资能力够不够都是需要在工具外下功夫的。

不要让工具成为囚笼，成为浪费时间的借口。

◇ 用人、留人/淘汰人环节

人是企业最重要的资源，但是能把人用好其实是很具有挑战性的。

因为每个人作为一个独立的个体，都有自己的诉求，在工作中能不能竭尽全力最后都会体现在公司的经营指标上。

所以，要把人用好，把优秀的人留下，把不适合的人淘汰掉。

用人一要有规矩，二要有评价。

规矩就是公司都有的考勤管理、合同管理、档案管理、薪资管理。

公司大了不可能把每个人的情况都记得很清楚，传统的纸质文件使用和核对起来又很不方便，我们就需要这么一套系统，最好在档案里可以及时更新员工的各种信息，比如家庭情况、经济情况、身体情况（可以体检后留档非隐私部分）以便可以全面了解员工诉求，比如在员工生日的时候给他一个惊喜，在员工困难的时候给予他帮助，这都要靠记录才能做到。

古语有云："士为知己者死"，你得了解员工，了解员工的方方面面，了解后才有行动，然后才能获得人心，这样才能"留人"。

把员工的情况摸清，去拟定相应的激励制度，然后放在系统里去记录实施和跟进，我们就完成了留人的第一步，因为任何人都想被别人放在心上。

留人的第二步是建立完备的晋升机制、福利政策和公平的绩效评价机制。

我们知道用OA最好是能协助公司完成绩效考核，一边协助绩效的达成，一边公平记录，并反馈在员工的薪资和晋升上，那么再结合公司很好的福利体系等，就可以实现"留人"的目标。

不合适的人要及时淘汰，做到为公司及时止损，绩效进入危险分数范围的人，人力资源管理者要对其进行绩效约谈，帮助其进行绩效提升，人力资源部门的一个属性是要把人力变成资源，不能只是冷冰冰的制度执行者，而应该是一个可以充分发挥人员主观能动性的组织，帮助企业发现人才、培养人才，也帮助企业做筛选，把不合适的人及时"请出"公司。

大部分企业"以人治人"已经成为一种管理习惯，流程的优化和管理工具如系统的导入归根结底是为了打造一套可以让企业自动运转的良性体系。

所以，在大致了解系统的功能后，我们要开始为导入系统做准备了。

系统不能解决企业中存在的所有问题，作为一种工具，它是不可或缺的，企业要想快速上手这些先进的工具，想把工具的功能发挥到极致，一定要修炼好企业的"内功"。

二

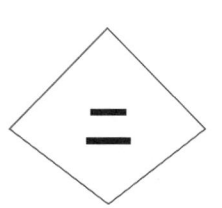

把系统功能发挥到最大

1. 系统之间的关系

我们讲了这么多个系统，这些系统个个身怀绝技，突然之间我的脑海里形成了一个画面，无论是ERP，还是MES、WMS（仓储管理系统）等，因为它们具备不同的功能又相互支撑、互为补充，特别像动画片《葫芦兄弟》中的葫芦七兄弟。

第一部分就是这七个"葫芦兄弟"站在我们面前，一个个地给我们展示他们的绝技，偶尔他们中的几个还会互相搭把手给我们展示下配合后的效果。

大家有没有一个疑问，就是葫芦七兄弟在动画片里有一个核心目标，就是"救爷爷"，那我们系统"七兄弟"的目标是什么呢？

在目标不明确的时候上系统，就像军队打仗没有目标，很容易把队伍打散。

上系统，是为了实现智能制造，因为实现智能制造，企业就能降低成本、增强竞争力，"活"得更好一些。

上系统最终是要为实现企业的运营目标服务的。

（1）从智能制造的成熟度来看系统

官方是这么定义智能制造的："智能制造是制造强国建设的主攻方向，是实现新型工业化的关键抓手。"

近年来，党中央、国务院对促进传统产业升级做出了系列部署，明确提出大力推进智能制造，但是对于智能制造到底应该呈现什么样的状态很多人都是比较模糊的，甚至很多人认为自己买了个机器人、用了一条流水线就叫作"智能制造"了。

我去过几个民营企业的工厂，在工厂创始人的带领下参观了工厂，在每一个工站前面在心里计算着产能平衡和用人水平，发现这些工厂都明显存在着浪费的现象。

对于浪费该怎么去理解？那就是本来不需要用这么多人，也可能是因为机器配置数量偏高，所以工厂整体的运行成本比较高。

以包饺子为例，关于拌馅这些工序我们将其忽略掉，就从擀饺子皮和包饺子两个工序来看，如果爸爸和妈妈分工合作，妈妈擀饺子皮，爸爸包饺子，一般情况下妈妈的速度是远超爸爸的，所以我们经常看见爸爸的饺子没包几个的时候，饺子皮就已经堆起来了。

在这种情况下，妈妈如果不停下来转去包饺子，那么中午吃饺子的数量完全取决于爸爸包饺子的速度。

二、把系统功能发挥到最大

这就是木桶原理，不要看最长的那块板而要看最短的那块。

我们去企业里面，就经常看到本来就是在"擀饺子皮"的那个工序上已经上了更快的机器设备。

我们去问工厂的创始人，在使用了这台机器人以后感觉怎么样，对方说效率大大提升了！其实就比较可惜，因为对于工厂来说，产线平衡更加重要，但是管理者看不到背后的逻辑。

所以，才会有高成本，才会有低效率。

这哪里叫作"智能制造"？很多的企业都误解了制造的含义，更误解了智能制造。

其实，关于智能制造的模样已经有专业机构把它完全呈现出来了。

官方是这样解释的：中国电子技术标准化研究院联合相关单位共同编写了《中国智能制造发展研究报告：能力成熟度》（以下简称CMMM 2.0），于2022年11月23日在世界智能制造大会主论坛正式发布。本报告凝结了百余位智能制造能力成熟度评估师的集体智慧和300余家制造企业的创新探索，向世界展示了智能制造发展的中国智慧和中国方案。

智能制造能力成熟度模型不仅刻画出智能制造不同阶段的模样，也可以让企业进行自我审视，清楚地看到自己所处的位置，知道自己要做什么才能实现最终的目标，仍以包饺子为例，那就是怎样把饺子包得又快又好，且运营成本极低，用一整套结合了数字化、自动化和管理的工具去打造"饺子帝国"的一种方式。

每个人都想成为行业里最厉害的那个人，每个企业都想成为行业里最厉害的企业，因为厉害意味着你可以"活"下去，在商业帝国中，自然法则中的"优胜劣汰"就是唯一的准则。

你的产品品质要更好，不仅要品质好，还要价格低。

制造出"物美价廉"的产品的体系，就是"智能制造"体系，所以，它绝不能是单一的一条流水线，不能是一个孤零零的机器人，也不是

MES或者ERP那些单一的系统。

这就是一个整体，一个带有生命指征的系统。

智能制造能力成熟度模型不仅是一套能让你看到智能制造形态的模型，也能让你更加清楚自己和未来要怎样做才能达到智能制造的要求。

很多的影视作品中，主人公到最后练就绝世武功的时候，终极状态常常是只可意会不能言传的，所以你有没有智慧决定了你能否悟到所谓的"天机"，而"天机"常常不可泄露。

小时候我看这类电视剧的时候常常有一个疑惑，就是所谓的天机为何，终极武功又是为何。

智能制造能力成熟度模型（CMMM）是由中国电子技术标准化研究院提出的用于实施智能制造过程改进提升的成熟度模型。总体来看，CMMM包括1个能力模型、4个能力要素、5个成熟度等级、20个能力子域及若干条款要求。

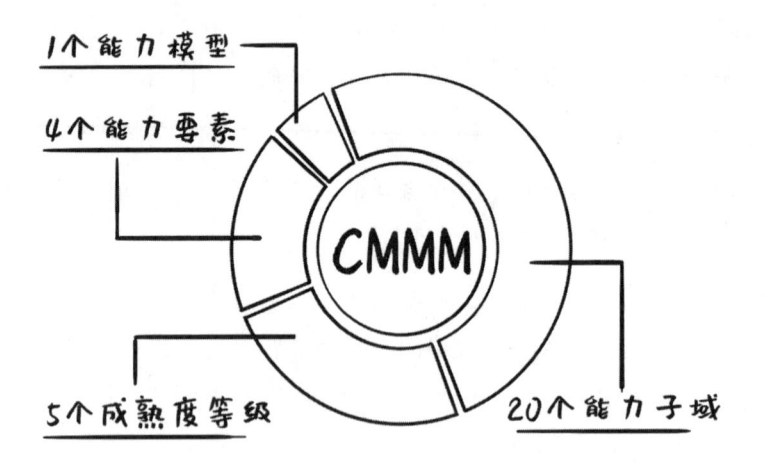

二、把系统功能发挥到最大

它的5个成熟度等级把企业卓越创造力练就的"天机"呈现为可见并能理解的五步,分别叫作"规划级""规范级""集成级""优化级""引领级"。

你可以理解为我们在下围棋,但是围棋手的水平是不一样的,从一段到九段都有,规划级到引领级就是初级选手到顶级选手的跃迁,并且不仅仅是跃迁,还提供了通路。就是要做到什么程度才算是做到了规划级也有相应的定义。

所以,能力模型和能力要素告诉我们练成智能制造高手的"武功秘籍"是什么,我们只需按部就班即可。

5个成熟度等级为我们指明了升级的路径,所以这套智能制造能力成熟度模型真的是完全体现了"中国智慧"和"中国方案"。

在此之前还有一个成熟度模型,是2016年提出的,但是那个时候人们对于智能制造的概念和实现路径的认识并不清晰,但是6年以后的这版真的值得大家坐下来仔细研讨学习,因为在这6年中,无数专家学者采用了大量成熟公司的案例,总结它们的成长途径,才将这套智能制造能力成熟度模型发展成这个样子,里面有大量的宝贵经验。

有一点非常遗憾,就是这个模型大家都看过,很多咨询公司和信息化公司也非常认同这个模型,但就是没有一种很好的表达方式来展现这个模型,让企业看到、感受到,包括之前很多基于成熟的管理方式延伸出来的信息化系统,很难让大家真正感受到它们的美好,我们这本书的初衷就是想用大家都看得懂的方式,让大家领略中国智慧乃至世界智慧在管理学上的美好。

言归正传,我们前面介绍的系统就在这个模型里,这个模型对企业实施智能制造的能力进行了分级。

◇ 一级:规划级

官方定义:企业应开始对实施智能制造的基础和条件进行规划,能够对核心业务活动（设计、生产、物流、服务）进行流程化管理。

规划级是智能制造的入门级，如果我们练的是太极的话，站桩就属于入门功夫，但是，站桩也不是每个人都能站好的，其实很多企业连这个级别也没有达到。

什么叫智能制造的基础和条件呢？首先就是你的公司提不提这个词，如果翻遍公司的红头文件也没有看见这个词，那就说明没有统筹这件事的人，没有相关的组织，没有人为这件事负责，我们没有说不做这件事就会怎样，或者说公司搞智能制造总得有个机房吧？要上那么多的系统连自己专业的信息化团队都没有，那就属于"站桩"都没站好，企业的智能制造能力成熟度连规划级都没有达到。

也有公司会说："我们发过红头文件了，你看公司正准备认认真真地做这件事儿呢！"

红头文件上的负责人确实都有，但他们都有自己的本职工作，被拉来在文件上立了个名头，至于到底该做什么他们也不是很清楚，那么这样的红头文件就没有意义，这种企业决然不属于"规划级"的水平。

还有的公司对智能制造这个事情"预算不足"，这也属于未达到规划级的水平。话说唐僧去西天求取真经，也是带着唐王的通关文牒、烫金袈裟和盘缠上路的，公司的红头文件发了，相关部门设立了，但是花钱的时候说"再议吧"，那这个事也是做不成的。

还有就是本公司信息化部门所处的位置，许多公司的信息化部门就是保证公司网络正常运行的无足轻重的部门，信息化部门的主管在中层管理者里都属于最没有话语权的，他自己都很难有机会参与公司的决策，也不懂公司的业务，请问，这样的信息化部门又怎么能做好公司业务和外部系统之间的"桥梁"呢？

二、把系统功能发挥到最大

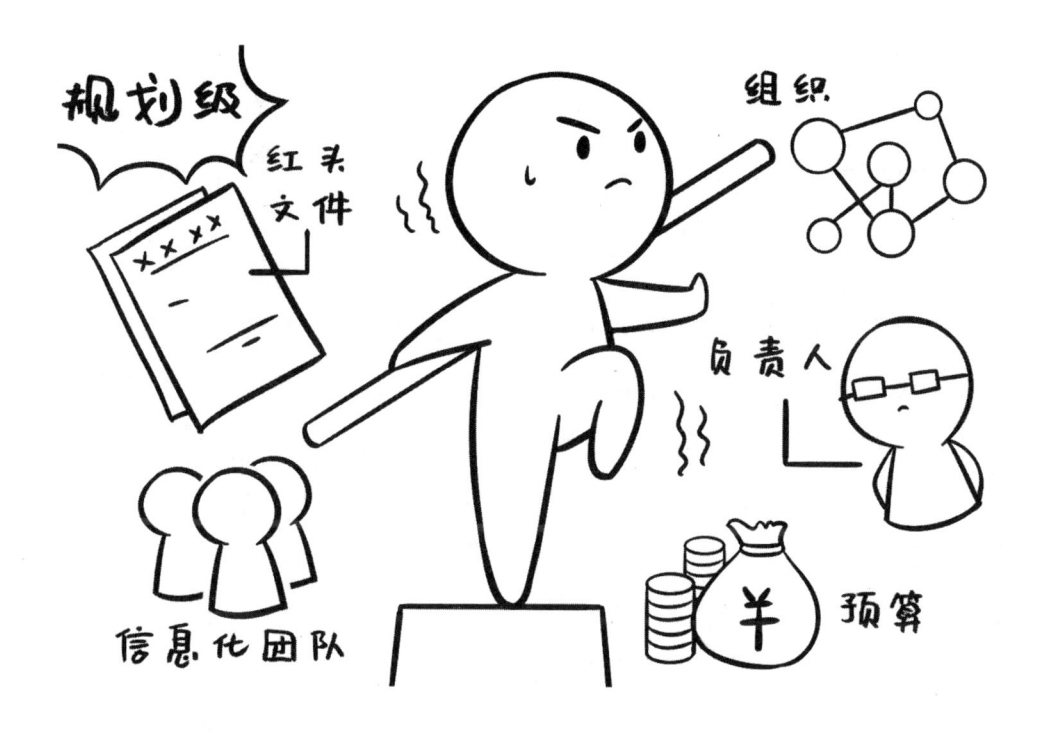

如果您在看这本书之前还没有这种意识，那此时此刻您应该对数字化转型的复杂程度有了一些基本认知，我们的数字化、信息化部门必须是一个"加强旅""加强师"这样的配置，我们公司的智能制造能力的成熟度才可以说是达到了"规划级"。

大家都听过CEO（首席执行官）、CFO（首席财务官），那大家可曾了解过CDO？

CDO就是企业首席数据官。

官方是这样定义CDO的："CDO不仅仅是技术层面的，企业中的数据工作需要独立于业务部门、IT（互联网技术）部门、销售部门而存在，同时又需要和这些部门紧密相连，对业务部门、品牌部门负责。CDO一般直接向CEO汇报，以便更好地将数据的价值与企业的决策相关联。"

企业有没有首席数据官暂且不论，企业有没有把数据管理、数字化转型建设当作公司发展的重中之重，看配置就能看出来。

此外，基础也是公司把智能制造当成个事儿，心里还有一个目标，比如行业里的知名企业或者头部企业，你把它当作"假想敌"也好，当成竞争对手也罢，因为我想提升，所以走智能制造这条路，并且下决心要走好这条路，这些都具备了，就算是有基础了。

除此之外，公司至少有了ERP，如果公司连ERP都没有，"军师"没上岗，那就是还没达到基础要求。

关于之前细细碎碎讲的那些系统，针对不同的行业、不同规模的企业，所上系统的种类和深度都是不同的，但ERP是一切的基础。

如果企业连ERP都没上，就是没基础。

官方还提到了公司必须能够对核心业务活动（设计、生产、物流、服务）进行流程化管理，这句话你可以这么理解：请问贵公司是以人治人还是以流程治人？

公司所有的事都是领导说了算，流程走不走无所谓，如果是这样的话，你们公司还没有达到模型定义的"流程化管理"的要求。

所以，我们的公司现在有ERP吗？现在的流程合理吗？如果没达到这个水平，下一节有给出流程优化的建议，大家可以利用工具先把流程理顺，这样一来我们就能在"规划级"达到及格水平了。

◇ 二级：规范级

官方定义：企业采用自动化技术、信息技术手段，对核心设备与核心业务进行改造和规范，实现单一业务活动的数据共享。

这个规范级比起规划级就多了很多东西，以至于很多公司拥有这个级别的配置时就会认为自己已经达到了数字化转型的"天花板"。

规范级就像是一个兵器库，这个兵器库里武器种类齐全，比如它们有ERP，也有MES、CRM，前文中提到的那些系统这里可能都有，公司的自动化设备看起来也挺多，反正也是用程序控制的。

规范级的企业参观起来感受特别好,我说它是"兵器库",就是说我们常说的系统这家公司都有,这说明至少这些系统底层的业务肯定是经过规范化的,所以官方定义叫作"实现了单一活动的数据共享"。

兵器库里每种兵器,棍子、刀、叉都能单独给你练练,所以如果应对参观的话,这种规范级的公司给人的参观感受就很不错,可能对公司来说,当它面对自己琳琅满目的"兵器"的时候,也会觉得"我肯定是智能制造啊,几乎所有系统我都有,设备也都很先进",也许还有几台机器人在不停地工作,看起来一切都很美好,"我已经实现了智能制造"。

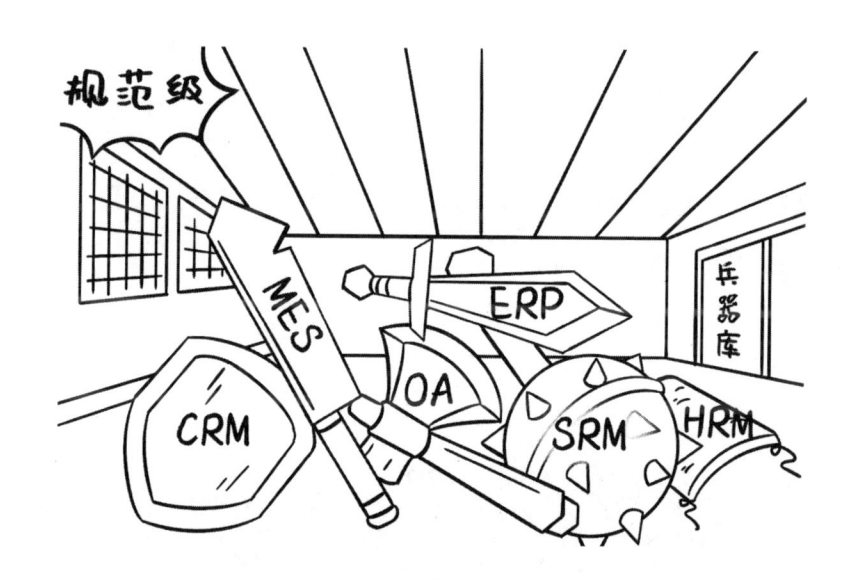

其实不然,你只是达到了规范级,我们也见过很多公司在CNC(计算机数控)上导入个程序还需要技术部的支持,当然,技术部的相关工作人员可能还需要在计算机上一顿操作。

你说有没有程序呢?在技术部的计算机上,但是传输起来似乎总没有想象中那样轻松,并且在CNC工作的时候很多时候还会涉及计划的问题，今天到底排产什么呢？

有些公司也有单独的MES，但是总体来看十分零散，大家各干各的，感觉就是不太顺畅。

因为仅仅是单一业务活动，仅仅是单一业务活动的规范和数据共享，也仅仅是"兵器库"里单独的"兵器"，它们没法组合起来形成一套不错的打法，也就是说有点类似"花架子"，能不能打？也能。打得行不行？其实还很薄弱。

我们一直说"团结就是力量"，但是这个级别的公司所有的元素都还彼此孤立着，其实有很多企业都处在这个级别。

◇ 三级：集成级

官方定义：企业对设备系统等展开集成，实现业务活动间的数据共享。

达到规范级的企业如果是"兵器库"，达到集成级的企业就能谈谈"兵法"了。

规范级如果是木偶单独的胳膊、腿、头等，集成级就是提线木偶，可以让它为我们跳一支舞。

集成级具备了"魂魄"，因为它的名字就告诉我们它在集成，让所有的系统连贯起来。

二、把系统功能发挥到最大

恰如人的身体，心脏、肝脏都有自己的功能，但是组合起来才是人，才是一套生命系统。

集成让系统具备"生命"，让工厂有了"灵魂"。

对于大部分的企业来说，集成级应该是自己追求的最高目标，我们先不谈优化级和引领级的概念和要求，能集成那些系统，能让七个"葫芦娃"变成一个"金刚葫芦娃"，对于90%以上的企业来说，集成级就足够了。

有时候我们不需要设立一个特别宏大的目标，比如动不动就要"引领"行业，我们尽可以看看所在行业里的标杆工厂，拿着模型去比对一下，看看它发展到了什么程度就能知道自己的"天花板"在哪里，大部分行业领军企业能达到的最高水平都是在集成级附近。

让系统集成，打造我们的"金刚葫芦娃"，已经是信息化或者自动化升级的一个很高的目标了。

集成需要对软件和硬件进行集成，仍是以木牛流马的订单生产为例，我们接了100台批量型定制订单，并将其录入了CRM客户管理系统。

所谓批量是因为100台的订单已经属于大批量订单了，所谓定制是指产品不完全和我们之前生产的产品一样，尺寸和外形均有定制要求，CRM接到了这个订单，就会触发我们的集成级系统管理模式。

首先，作为一个定制订单，研发部门要在PLM系统里做设计，产品的哪些结构和我们原来的产品的结构可以通用、哪些需要重新设计要做一个区分，然后在PLM里取图，将通用的结构直接"拿"出来，可以借鉴的部分比如外观就开始改尺寸，进行适配性总图设计，生成产品的BOM表。

ERP"军师"开始计算，根据订单量和单产品BOM表，看看库存物料有多少，我们生产需要多少，据此生成一个总计划，包括外包计划和采购计划，然后还有一些财务上资金的情况也要计算出来。

SRM供应商管理系统接受ERP"军师"的外包和采购计划，并按照"军师"的时间要求提供物资。

MES系统接受ERP"军师"指派的内部工作任务，进行内部计划排配和管理。

这些系统在生产100台木牛流马的过程中亲密无间地配合，这就是集成级工厂的模样，也是我们常说的数字化工厂。

数字化工厂不是单点数字化，比如有几个单独的系统，或者有一条自动化生产线，不是有一些数字的流动就能被称为"数字化工厂"，而是要实现数字的相互关联和相互拉动。

集成级真的已经是大多数企业努力奋斗的"天花板"，也是我们做智能制造最想达到的一个状态。

本书也是希望企业能够进一步了解自己所处的位置和状态，并通过一些科学的系统方法论的管理方法，从规划级甚至从低于规划级的状态开始，科学地借助各种系统快速达到集成级。

"看清"是"想做"的前提，"会做"是成功的前提。

没有好的认知，面对未知的前路，下一步该怎么走呢？

◇ 四级：优化级

官方定义：企业应对人员、资源、制造等进行数据挖掘，形成知识、模型等，实现对核心业务活动的精准预测和优化。

优化的前提是规范，是数据累积和实践。

如果有科学的认知和路径，我们从一级以下（规划级）跃至集成级（系统集成）是有可能在短期内实现的，但是优化级，则不可能。

因为优化需要时间，优化需要数据，优化需要数据治理。

优化级需要自感知、自适应、自决策，在这个过程中，优化级是不需要人工参与的。

不需要人工参与的前提是有AI帮我们做计算，AI是能上战场且能顶得上千军万马的"诸葛亮"。

应用AI的前提是有足够的数据，通过集成系统累积了大量的数据，足够让我们的AI聪明程度超过大脑，然后用数据建立模型且可以优化模型。

中国为数不多的企业达到了优化级，可以看看我们国家智能制造的"标杆工厂"，当然，它们大部分达到的只是局部优化，比如在个别过程中利用数据和模型进行决策。

达到优化级的企业也就是我们常常说的"智能工厂"，很多企业有一条全自动的生产线就说自己是智能工厂，当然，我们也看到很多对于智能工厂的认定可能仅是基于一条"无人产线"或者某几个系统，事实上，它们也不过达到了规范级，还远未达到数字化工厂的集成级级别。

无全数字，怎可称为"智能"？

所以，我们再来把这几个名词做一下总结。智能制造是分等级的，上了一条全自动生产线、一个系统当然也可以说满足了智能制造的某些条件，但是整体状态和等级的提升才是我们的目标。数字化工厂常常指达到智能制造能力水平三级集成级的工厂，而智能工厂是达到了智能制造能力水平四级优化级，是大部分企业未来努力的"天花板"。

◇ 五级：引领级

官方定义：企业要基于模型持续驱动业务活动的优化和创新，实现产业链协同并衍生新的制造模式和商业模式。

在世界范围内，达到引领级者也屈指可数。更多的企业无须达到此级就能生存得很好，这个级别大家了解就可以了。

（2）智能制造成熟度的能力要素评估

通过上述5个级别的讲述，企业可以知道自己所处的位置与水平，那为什么还要通过能力要素评估来确定自己的智能制造成熟度能力水平呢？

引领级不是为了方便企业确定自己的智能制造成熟度能力水平，从另一个角度来看，该评估体系是为了方便企业知道自己缺少什么。

所谓"缺啥补啥，进步无忧"。

官方对上述5个级别的定义中有4个能力要素的评估，包括人员、技术、资源和制造，然后根据分数就可以确定企业达到了哪个级别。

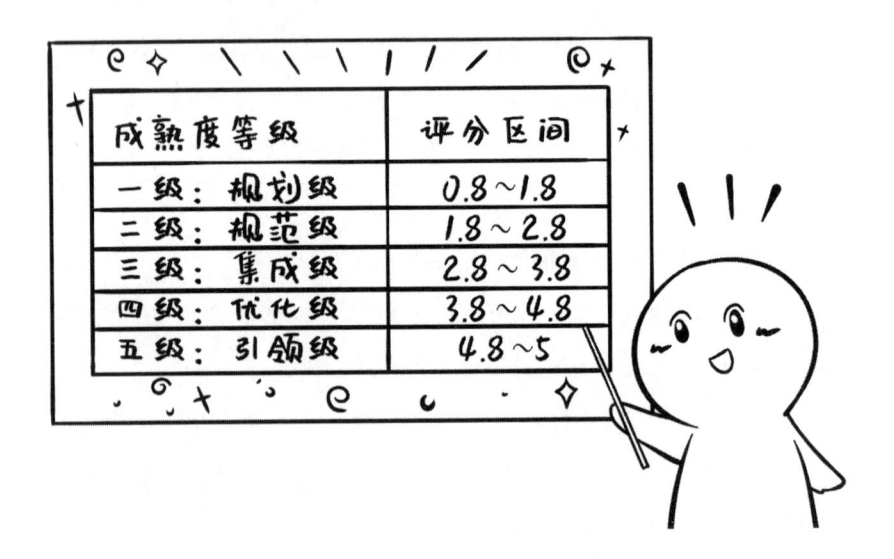

成熟度等级	评分区间
一级：规划级	0.8~1.8
二级：规范级	1.8~2.8
三级：集成级	2.8~3.8
四级：优化级	3.8~4.8
五级：引领级	4.8~5

我们的重点不是看企业有多少分，其实对于企业的级别状态根据上一节的叙述就可以判断，我们是要通过评分内容倒推企业需要什么。

◇ 人员维度评估

人员维度包括组织战略和人员技能。

组织战略一是看企业有没有发展规划，二是看企业有没有资源。

发展规划是指企业是不是真的要走这条路，除了我们之前提过的红头文件，还要看企业有没有真实的组织架构，是不是"草台班子"，是否建立了技术架构、关键的岗位和职责及管理体系。

二、把系统功能发挥到最大

有的企业爱发文件,决定要做一件事情就赶紧发个制度,搞个"红头"文件,文件里面内容挺全,人也挺全,但是这些人平时的工作都很忙碌,他们在这里的作用仅限于"挂一下",至于具体干什么,怎么干,很可能从头到尾这些人对这件事情的认知就仅限于文件本身,这样的公司就是没有发展规划的,不但没分,甚至可以说是负分。

关于企业有没有资源,主要是说钱和人,公司一年到头花多少钱都是有预算的,如果压根就没有相关预算,或者预算极低,就决定了这件事情根本干不成,这样的企业也是有问题的。

我见过一个立志进行智能制造升级的公司,开始它定了1000万元的预算去做系统导入和升级,开始规划的路径大致是对的,逻辑也是专业的公司出具的;但是,在签合同前,公司高层看着1000万元的投资预算总觉得"水分"太大,于是走上市场做比较,把原来的系统供应商替换掉,咨询全部卡掉(认为咨询最没用),最终他们将预算降到了200万元,公司领导觉得自己办成了一件大事,一下子节省了800万元的成本,也实现了智能制造。

事实上,大家了解智能制造成熟度逻辑后就会明白,1000万元到200万元的变化从表面上看是减了800万元,事实上是把原来咨询团队为他们打造的从一级到三级的路径全部推翻,在没有达到一级基础的情况下,零星地引入了一些二级的系统。

对,这家公司"转型"完成后,看起来还是可以的;但事实上,它失去的可能在很多年以后才能感受到,也许在它的管理远远落后于同行业竞争企业,产品进一步失去竞争力后才会觉察。

如果这位领导能看到本书,或者更多有信息化导入失败经历的企业主和高级管理人员看过本书,他们就不会困惑于"为何失败"。

因为企业最终失去的将不仅仅是200万元,还有更多的1000万元。

人员技能的官方定义是"智能制造的人才状况和知识管理体系"。

人才状况包括具备智能制造统筹规划能力的个人和团体,掌握IT基础、数据分析能力的技术人员，智能制造人才培训体系，绩效考核体制机制，等等。

知识管理体系包括知识管理平台、人员技能及经验、数字化与软件化的状况等。

一个公司，红头文件有了，钱和资源也准备好了，人也不全是挂靠的，真正准备了一个团队要去干这个事情；但是这个团队的人，ERP、MES连听都没听过，IT技术和管理知识非常匮乏，也没看过智能制造的基本知识，更没请专业的团队进行培训提升，那也是不行的。

◇ 技术维度评估

技术能力包括数据、集成和信息安全三种能力。

需要公司具备数据相关的采集、管理能力，然后系统之间有一些交流，就和前文提过的木牛流马的订单生产一样，系统之间有交互而不是各干各的，最后能为信息安全提供一些技术保障。

所以，对于一个要建立智能制造数字化工厂的企业来说，技术团队的搭建和准备是非常必要的。

至于当前存在的很多关于"请别人"来做、"花钱就行"的这些认知，其实是不对的，我们在用上述模型进行自评的时候，就能知道企业和国家标准之间的差距。

◇ 资源维度评估

资源能力要素主要包括装备和网络两个能力子域。

这里的装备特指数字化装备，也就是公司所使用的加工设备、检测设备、物流设备等，着重看在传统机械装备中引入了信息技术、嵌入式传感器、集成电路、软件和其他信息元器件，形成的机械技术与信息技术、机械产品与电子信息产品深度融合的装备或系统，所以主要可以从装备水平、设备联网、设备诊断与维护、设备数字孪生情况等方面进行考察。

在企业网络中，除了用于日常运营管理的办公网络，还有用于生产的工业控制网络和生产网络，能力成熟度模型要求主要围绕这三个方面进行描述，要看网络有没有形成覆盖，是否可以支撑公司的运营。

◇ 制造维度评估

制造能力要素主要包括产品设计、工艺设计、采购、计划和调度、生产作业、设备管理、仓储配送、安全环保及能源管理9个能力子域，是评估中能力种类最多的一个维度。

产品设计是指设计出想要的产品，通过设计软件和工具设计出2D或3D模型并进行展示，而工艺设计是从工程角度考虑如何按照产品设计模型来设计出加工工艺和流程。设计过程的数字化及协同程度是考察的主要指标。这部分就要看我们使用的PLM相关的系统，看看其中使用的模块能不能进一步提升产品设计和工艺设计能力。因为不同的公司其特点也不一样，如果是生产一种很简单的产品，那么不适用的部分也不会完全影响判断。

激荡书院在2022年到2023年间走访了11家标杆工厂，这11家以制造为核心的企业各有不同的特点，所以其对信息化的需求是完全不同的，我们会在下一个章节为大家分类展示不同的企业有怎样不同的需求。

也许评估维度上的元素有很多，但是不适用就可以跳过，也有的公司在信息化、自动化的导入过程中过度追求大而全和一步到位，反而增加了公司的负担，也无法产生好的效果。

生产能力包括采购、计划与调度、生产作业、设备管理、安全环保、仓储配送、能源管理7个能力子域，是整个智能制造体系中的核心环节。

这个环节的关联系统主要有ERP、MES、WMS和SRM。

我们想象这是一个紧密配合的系统，能够帮助企业快速、高效地把产品生产出来，而不是胳膊是胳膊、腿是腿，一走就散。

以上就是评估的一个要素表，比对是为了发现自身的不足，找到未来的改善方向，接下来我们就走进那些标杆工厂，看看不同产品和经营方式的企业应该侧重于哪些系统。

我们所有的手段都应服务于企业最终的目标，比如降本增效、经营提升，不是为了上系统而上系统，也不是为了咨询而咨询，看到目标，关注过程，这才是我们需要的。

（3）不同的企业类型需要的系统及侧重点不同

激荡书院一共走访了11家企业，包括顾家家居、三一重工股份有限公司（以下简称三一重工）、万向集团、慕思健康睡眠股份有限公司（以下简称慕思股份）以及海尔集团、云南白药集团股份有限公司等知名公司。

我们粗略归纳一下企业类型，一种是面向消费者的企业，比如顾家家居和慕思股份，另一种是面向企业的企业，如三一重工和万向集团。

在面向消费者的企业的层次里，顾家家居是高定制多样化生产，而慕思股份的产品是定制程度较低，相对属于标准化程度较高的，这两种企业的要求是完全不同的。

在面向企业的层次里，也有以提供标准化产品为主营业务的

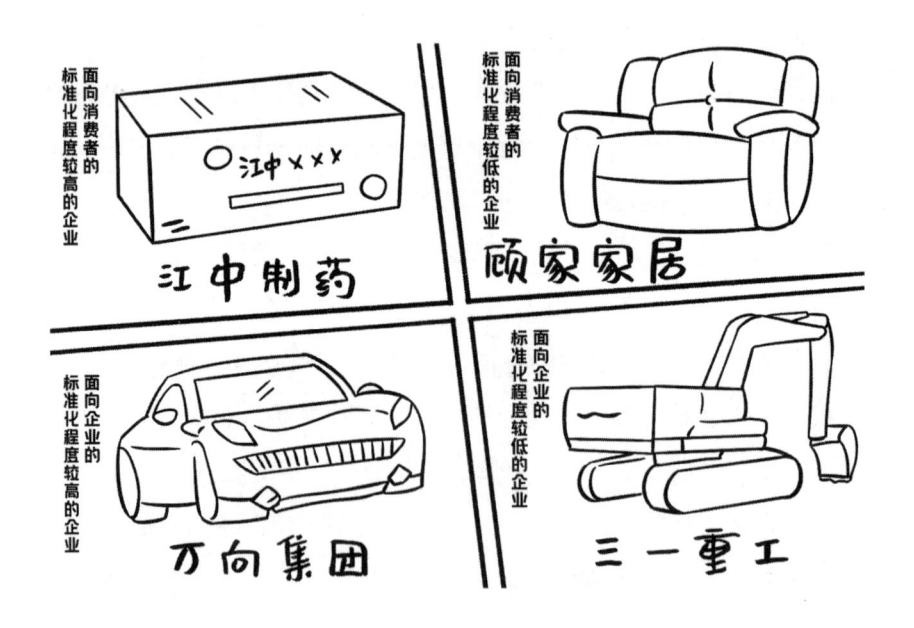

企业，比如万向集团旗下的万向精工专为汽车提供轮毂，而三一重工的产品多样性更强、定制程度更高，这两类企业也是完全不同的。

◇ 面向消费者的标准化程度较高的企业

面向消费者的标准化程度较高的企业的生产特点是要准时、快速交付。

如果我们去药店里买个江中健胃消食片、去超市里买个牛奶喝却经常买不到，那就有问题了。

所以依据这类企业的特点去分析，这类企业最重要的考核指标就是订单交付率，说了哪天给我送多少产品，一件都不能少，否则就会造成后段供应不足，影响产品的销售，这是非常严重的后果。

企业为了保证按期生产出客户订购的产品，首先资源要能算明白，那么ERP就必须有，其次要求供应商必须按期提供原料包材等，SRM供应商管理系统也得有，如此大的生产订单，WMS立体库必须是标准配置，然后每分钟必须产多少箱奶出来也是完全保证订单需求的，那么MES必须配合自动化生产线进行生产控制。

所以，具有不同性质特点的公司，其需求是完全不同的，企业要先审视自己属于哪种类型的公司，找准我们的核心要求，再根据需求去选择信息化的产品，然后看看我们所处的位置，比对一下智能制造模型，缺什么补什么，这才是上系统的正确思路。

◇ 面向消费者的标准化程度较低的企业

面向消费者的标准化程度较低企业的核心是满足客户需要，一切以客户的要求和体验为中心。

以整体家居行业的顾家家居为例，材料在仓库里只有部分备货，除此以外，其他各个环节都要求具备极高的反应速度。

从客户下订单到整套家具上门安装一般需要45天，这45天包括设计、排单生产、运输、安装的全过程，时间紧、任务重，所以导入全生命周期管理的PLM就十分必要了。

同样是为了满足客户时间上的要求，和供应商的协同SRM、客户的管理CRM、内部的ERP和MES也是必不可少的。

顾家家居在综合的智能系统的运用中，配合自己的柔性生产线，在工厂的生产成本、用户的消费成本方面都获得了较大的降幅，比如工厂的生产效率提升了30%以上，人工成本降低了25%，用户的消费成本也降低了20%以上，通过智能制造达到了企业自身与客户双赢的局面。

面向消费者的定制行业特别重要的一点是端到端的交付性，环环相扣，保证客户的消费体验，如此在系统的选择以及在系统模块的确定性方面就有这个行业独特的要求。

◇ 面向企业的标准化程度较高的企业

万向集团旗下的万向精工占据着25%以上的汽车轮毂国内市场（市场占有率排名第一），在此之前，我国的汽车轮毂是完全进口的，定价权也在别人手里，所以我国的汽车工业发展到今天，从当初名副其实的奢侈品到如今走进了千千万万的普通家庭，像万向集团这样的中国企业功不可没。

万向精工的智能工厂是按照工业4.0的要求设计的，在智能制造的模型里，应该是在优化级和引领级之间，是中国智能制造的先驱企业，它的智能工厂改造至今已经10余年。

智能化改造非一日之功，在这个过程中，你循着成功者总结出来的路径踏实地走，"路虽远行终至"，但是如果想跨越前面几个级别直接完成智能化改造，那几乎是不可能的，这不科学。

诸如万向集团这类企业，最大的投资就是工厂中的各种装备，是典型的重资产运营企业，所以其核心就是高效率制造。

换句话说，物尽其用才是这类企业的运营核心。

企业投入大量资金做这个工厂，每台设备都有使用年限，每天、每分钟、每秒都需要它们创造价值出来，不然，公司就是在赔钱，一天不干赔一天，三天不干赔三天，产品成本一高，到市场上还有什么竞争性？

据万向集团的内部资料显示，其智能工厂每条产线的将近30道工序都实现了全智能生产，产品生产周期由原来的25天缩短到4天，综合生产效率提高了2倍以上，这就是智能工厂的价值所在。

在我们投入一条产线的时候，也要计算一下综合生产效率，看一看它对缩短总的生产周期有没有意义，有的企业去搞局部效率提升，买了一两台机器人说替代了10个人，但是引入机器人前后各环节的效率都没提起来，那么这两台机器人存在的意义就仅限于在客户参观的时候展示企业的"智能"元素而已。

万向精工这样的企业，核心就是一个"快"字，用数字化把自己内部的工序全部串联起来，不用指令各生产线就自动转序生产，因为标准化程度高也要尽量少人化，要以MES为核心抓手兼顾其他系统搭配。

◇ 面向企业的标准化程度较低的企业

面对企业的"私人定制"，其核心依然是以产品为中心的全生命周期管理。

诸如三一重工这类企业，其核心就是PLM和PDM管理，因为产品要涵盖从设计到生产交付的全过程，所以每个环节，特别是研发端，都会用到大量的工业软件。

到了生产端，因为无法批量大规模生产，反而无法舍弃大量手工作业模式，无人工厂根本就不适用于这类企业，但是在人工作业的过程中需要通过MES进行生产监控，保证不缺少工序，以监控产品品质。所以，是以PLM和MES为核心搭配的系统共同组成了这个行业的智能制造模式。

2. 统一流程构架思路，三方协作四步走

　　了解了系统之间相亲相爱的故事，也看到了智能制造成熟度模型以及不同的企业上不同系统的目标和思路，就来到了实战环节。我们的目标是通过这些方法和工具的导入，让企业的智能制造水平快速从负一级到三级，那么我们就从一级的流程优化开始吧。

　　当然，在流程优化开始之前，还是请大家看一看一级智能制造企业所具备的条件，关于组织、关于人、关于预算、关于技能这些内生要求，如果不具备这些条件，请大家酌情去补足，如果企业不努力去补足，谁也帮不了你。

我们看到过各种各样的企业，它们有的导入信息化失败，有的导入管理咨询失败，有的甚至因此产生了对抗心理，认为所有的信息化工具和咨询公司都是以"骗钱"为生的。

到现在为止，大家应该了解到，虽然确实有很多第三方公司无法为企业架构这套非常完善的方法论，因为它们可能连智能制造、数字化工厂和智能工厂的定义都分不清楚；但是企业本身的"天然不足"没有被认知、没有去补齐也是最终造成项目失败的直接原因。

企业要想在数字化转型上获得成功仅靠企业中的一两个人或者一两个部门是无法实现的，这就要求企业从整体上有一个非常大的转变，从准备到意识，从方法到资金，从架构到执行，每一步都要通过科学的指导和执行来实现。

这个过程理解起来特别像我们对于孩子的"德智体美劳"全面发展的要求。

只在工具上努力了，不够！只在架构上努力了，不行！只在意识上提升了，没用！

系统！系统！系统！转型是基于系统的变革和提升，在进行流程改造之前，要先问问自己：我们的组织支不支持？我们员工的技能够不够用？我们的预算充足不充足？企业应该对照评分表，对自己所处的位置有一个清醒的认知，接下来才能脚踏实地、步步为营。

再来说流程。不管企业上的是什么系统，其实都是流程的一种表达方式，那些好的系统、成熟的系统承载的恰恰是这个行业的先进管理流程。

所以信息化公司在深入调研以后呈现给我们的方案，也一定是基于成熟的解决方案进行阐述的。

这种方案会有几个要素，即企业现在有什么问题，我们的解决方案是什么，这样做有什么好处。

企业仓库管理做得不太好，用WMS，它可以……

企业当前效率比较低，用MES，它可以……

在后面的省略号里，你想要的结果都在。

一般在这个环节企业就得小心地打开自己的钱包，看看自己能否负担得起这个产品，因为有了它就能解决困扰企业多年的痛点问题，如果企业负担得起就无须等待。这就好比一个被顽疾困扰多年的患者，终于遇到了能治好自己的病的药，只要兜里钱够，患者是一定会去购买的，除非患者不认为医生所说的问题是病，或者即便他认为这是病，但是这种疾病不足以让患者感觉痛不欲生，只要扛一扛就能过去；而后来，当治疗没有达到预期效果的时候，之前的承诺如滤镜般破碎，此时患者已经损失了太多的时间和金钱。

在这个环节，大多数企业都犯了这样一个错误，就是我们相信了所听到的话，却没有看到真相。你之前听到的效果只是这种药理论上会起到的作用，但是它的作用机理是什么，它是怎么治病的，是大部分患者都不知道也认为自己没必要知道的。

对于普通患者来说，只要你有药，我有病，你的药能治我的病就行，我不管你下的是什么药；但是，对于企业来说，企业所显现出来的所有症状都是系统综合运行的体现，并不能用"头痛医头，脚痛医脚"的方式去解决，如果我们单纯地相信那个曾经治愈别人的"药方"，直接拿过来用一定会有很大的风险。

所以，作为企业，我们一定要仔细研究这张"药方"，我们之所以配置那些专门的组织和具备一定能力的人员，就是为了防止自己因没有鉴别能力而"吃错药"，最后不但没有效果，甚至会产生副作用。

所有信息化公司提供的"药方"都是相对成熟的流程。

流程是可以被看到的，即便是加了系统外衣，它也可以被看到。

在企业上系统的过程中,我们既没有要求系统方展示其内部的流程,也没有努力去配合这种流程,最后数字化转型结果不理想也是正常的。

面对任何信息化公司提供的"药方",我们要做的就是要求其把它画出来。

画出来,让我看到;画出来,让我反思;画出来,让我适应。

这个"画",是由企业方具备相关能力的专业人员和系统提供方协作完成的。

(1)以流程看流程,找到不同

信息化公司在经过调研后,给出的系统界面和系统导入方案对于第一次上系统的公司来说,是抽象难懂的。

是的,很多公司的高层管理者都看不懂那些系统界面,他们根本不知道这些按钮都意味着什么,也看不懂那些报表,更不知道那些报表有什么意义。

他们只听得懂:我有"病",你有"药",我吃"药"就行。

信息化公司应该呈现完整的流程图，每一个动作是什么，这个人需要做什么，然后才会转到另一个人那里。我们的这套流程在系统里是怎么完成的。

先把系统应用效果搁置一边，我们要先通过信息化公司的流程图弄明白两件事，即干哪些事儿，由谁来干。

如果我们在一个采购流程上看到了18个节点，每个节点都附有一套文件或者实际操作指南，需要公司3个部门的8名人员来执行这些操作。

企业管理者大呼一声："这怎么行？公司人员及背后的制度都不支持。"既然如此，这套系统企业就用不了。

这就是拆流程、画流程的意义所在。

是的，把一套系统"扒"开，你就能看到系统背后的逻辑，就知道把它用在企业里行还是不行。

这18个节点还和财务流程、仓库入库流程挂钩，这项操作完成不了，其他的流程也走不下去。好，恭喜你，现在你终于理解了为什么同样是用系统，有的公司用得风生水起，而你连打开它都费劲。

制度不支持，人不支持，内部流程不支持。

能不能硬上？也行。把那18个节点保留下来，背后的制度能忽略的就忽略掉，8个人太多就用两个人，走完流程，万事大吉。

不就是大家有点抱怨，"对于效率却没有丝毫的提升"吗？

因为系统流程和公司本身的流程不符，所以一般都要走两次流程，线上走线上的，线下走线下的，而这套系统其中的几个功能模块可能来自集团或者公司本身的要求，你操作的这套流程本身只是辅助，你只需适应配合即可。

这是很多公司上系统的现状，走两套流程，甚至三套流程，但是对于公司运营效率的提升或者其他方面来说帮助不大，甚至是一种损耗。

所以，必须画出来，让信息化公司画出系统的流程。

我们也需要把自己这个程序的操作流程画出来。

我去过几家花费几千万元却连MES也上不去的公司，在和软件供应商交流的时候，对方竟然拿不出一张像样的流程图，或者说拿出的流程图和这个公司本身的流程没有任何关系，那系统上不去就是正常的结果。

上系统这件事，企业以一个旁观者的角度去看，不参与系统设计，只等待结果，认为自己花了钱就该享受甲方的待遇，企业持这种心态，这个项目九成会失败。

如果把这个上系统的过程比喻成量体裁衣，我们一边要求对方能按照自己的身材去量尺寸，一边又对隔壁身材绝好的穿着华服的女士羡慕不已，那么是不是减肥以后再来量，我们就能达到这个效果呢？

安排相关人员，包括高层管理者全部参与进来，亲自画出相应的流程图，也要求信息化公司提供他们的流程图，将两者放到一起，找到不同，这就是第一步。

（2）以不同看管理逻辑

在画的过程中，公司内部人员会发现一些问题，当然比较普遍的问题是，不知道该怎么画。

关于不知道该怎么画这个问题比较好解决，请信息化公司辅助一下，也可以要求将其作为售前服务的一部分，就是帮助客户看清企业现状；或者请一个做流程的咨询辅导老师，给大家讲一讲。除此，还可以从网上下载教材，大家一起学习。

当大家沉下心来认真去画自己的流程的时候，就会衍生出一系列疑问。

我们为什么要设计这个环节？

这里不对啊？不应该是这样！

这是谁要求这么做的，这不是浪费时间吗？

是的，如果大家在画相关流程的时候发现这些问题，我们就达到了画流程的目的，此时我们需要先保留对于这些流程的所有疑问。

当然，我们也不能没有边际地去做这件事，我们要以信息化公司提供的框架延伸出的流程作为自我梳理的提纲。

我之前去某银行办理一项业务，办理这项业务的流程非常复杂，柜员在系统里做什么我看不到，这里也不做评价，但是他给了我一张人眼无法清楚识别的纸质表格要求我填写，这张纸甚至已经找不到原档，一看就是多年复印一代一代"传"下来的。

在办理这项业务的间隙，对方要求我填写这张表格，在我填表的过程中柜员和后面排队的人都会等我办理这项业务。

按照流程优化的要求，这张表格如果需要填写，可以提前在业务办理时进行分流，在客户等待时填写是最好的；而我只能用宝贵的窗口时间填写，不好意思，浪费了10分钟。这还不是最重要的，最重要的是，表格中还要求填写你属于城市户口还是农村户口之类的在我看来和这项业务毫无关联的问题。

我们不敢提问，只能认真填写，但是旁边窗口的柜员在帮助老年人填写这张看不清的表单时，说："哎，这个表单用了十几年了，人家表上有什么就得写什么，其实谁管你是什么户口。"然后我就看到这张表单填完后就被扔到了柜员脚下的一个纸箱里。

我想说的是，即便是业务流程看上去已经非常完善的银行体系，这种没必要存在的流程也依然存在，它们无情地吞噬着大家的宝贵时间，严重影响了企业运营效率，何况是我们。

所以，我们可以正视自己的流程，先将它摆出来，然后看看信息化公司给出的流程图，看看两者间究竟有哪些不同。

我一直认为，一边上信息化工具一边梳理优化流程是一种效率极高的方式，但是很多公司在这个过程中完全依赖信息化公司，所以其数字化转型就失败了。

我也相信那些经过若干公司验证的系统设计代表着缜密的管理思路，所以上系统也是企业的一个极好的学习过程，通过发现流程的不同就可以完成学习，而且是免费的。

请信息化公司来讲解和我们不同的这些设计，无论是节点多还是少，流程背后的逻辑是什么。

这个时候，请你放下矜持，大胆追问为什么。

在精益管理里有5W方法论，就是遇到一个问题，连续问5个"为什么"，一般就可以帮助我们找到根本原因，解决问题的时候也不会浮于表面，而是蛇打七寸，直击要害。

很多公司年年进行流程梳理，却年年都梳理不成，次次"伤筋动骨"，到最后却没有任何改观。一是因为企业如果不借助咨询公司来做这件事，自身工具方法不足；二是因为流程梳理这个课题真的太大了，从哪里开始，梳理到什么程度，都是问题。

在信息化导入的过程中，由于系统有边界，这就决定了我们要梳理的流程有边界。不仅有边界，我们还有模板，还能利用信息化公司的资源做支持，这样就能在相对短的时间内集中精力搞定这件大事。

所以，企业一定要问：为什么在这里有这个节点？审批的依据是什么，是不是行业的要求？是我们公司疏忽了，有管理漏洞？这里怎么比我们公司少了一个环节，这样也能过？我们公司为什么必须提供这个资料，这个资料的价值是什么，还有没有必要提供？

相信我，在这个过程中，结合第一阶段完成的流程梳理和本阶段的细节反思，系统对你而言不再是"镜中花、水中月"，而是即将融于企业血脉之中的鲜活的管理工具。

在完成流程梳理和细节反思之后，接下来就是和信息化公司进行流程信息交换并达成共识。那些经过公司讨论原本不应该存在的节点能不能删除？流程能不能改变？如果不能改变有无替代方案？

细节无须再展开，上系统说到底还是企业自己的事，我特别喜欢一个词叫作"沉浸"，我们上系统就得"沉浸式"上系统，这样才能弄清楚系统的真相和企业的真相。

一直以来企业都是"只缘身在此山中"，却"不识庐山真面目"，上系统给企业提供了一个绝好的机会来看清自己。

（3）有好流程、好管理才有好系统

把流程摆出来，和信息化公司的流程进行全面并线改造的过程中，其实已经突破了既往我们做流程优化的思路，因为现在我们有了参照物。

现在，你完全可以将信息化公司的框架作为一个好的模板。

这个流程好不好？好。

那我们能不能用？

我们需要对哪些工作进行调整和安排，我们的人能力够不够？

这些问题都想明白后，如果企业仍觉得我们自己的流程要优于系统的设定，那么就是在不动大框架的情况下大家各走一步。

先用，再发现并解决问题。

发现了问题该怎么办？优化。可以使用ECRS分析法。

E即取消（Eliminate），把不必要的环节和作业全部取消。

C即合并（Combine），这两个节点能不能合并？少一个节点流程就简单一点。

R即重排（Rearrange），重新排列改变规则，也许会有不一样的效果。

S即简化（Simplify），同样的节点，能不能简单一点？

IBM（万国商业机器）原来有一项贷款业务，就是基于客户的信用度，给客户提供一笔贷款来购买IBM的产品；但是这个流程非常长，需要6个部门的24个节点共同去完成，流程总时长可达两周。作为客户来说，这种体验特别差，客户想贷款买个计算机，审批需要两周，两周以后客户对这个计算机是否还抱有如此高的期待我们就不得而知了，所以这个产品的缺陷特别明显。

后来IBM做了流程优化，目标很明确，就是更快、更有效率，让客户更满意。

过程不必细说，最后的结果是审批耗时从原来的两周减少到四个小时，服务团队从几百人变成了几十人，最终IBM的计算机销售业务增长了一百倍，这就是业务流程优化的意义所在。

企业上系统之前或之后，都是进行业务流程优化的好时机，企业和信息化公司画出了各自的流程，并进行了对比和思考，接下来就能去实施这件事情。

就业务流程优化来说，需要遵循先优化重要流程，非重要流程可先放过的原则。

当我们把系统相关的流程画出来的时候，先对其做一个大致分类，将其分成重要流程和非重要流程。

重要流程数量可能不是很多，但是和企业的核心价值链有关，比如研发、销售、生产等环节。

再进一步就是看看这些流程中哪些是和战略强相关的，后文中我们也会介绍方针管理类的战略工具，但是这并不冲突，公司的决策本来就分为长期决策和短期决策，长期决策可能需要完全固化在系统里，而短期决策就可以通过项目管理来达成。

此外，还有一种情况就是，在上系统的过程中一定要兼顾已经被行业验证的特别好的流程和做法，信息化公司提供的可能是常规流程，但是如果行业里已经有特别好的做法，那么是一定要按照行业中最先进的办法进行流程变更的。因为企业继续应用过时的流程就是在自我伤害，平时改造流程来回撕扯几年也没有结果，是因为缺少固化工具和"不得不"的方法，现在有一个好时机去做这件事，必须把握。

不重要的流程有很多，和价值链多是成辅助关系，这些流程对企业利润或者成本的影响较小。

我们先优化重要流程。非重要流程可以选择暂时忽略，要想在短时间内做好流程优化这件大事，该放过的地方一定要放过，不然你就会陷入流程改造的误区，还会严重影响系统上线效率。

对于不重要的流程，别人怎么做我也可以怎么做，或者说系统里没有我有，我没有系统里有，这些问题在前期都可以暂时跳过。

（4）定流程、定节点、定系统设计

至此，我们和信息化公司已经进行了多轮的小范围沟通，大家也从之前那种对于流程看不到、摸不到的状态中走了出来，双方关于流程达成的共识的草图也基本成型。

在上系统之前还有一个特别重要的环节，就是要把要上的系统里的流程全部定下来。

很多企业在上系统的时候因为"赶时间"，彼此沟通不足，调研期间看起来也是风风火火，企业出于对对方专业的信任，要签订这个商务合约。这其实是有极大风险的，双方都是在不明确的情况下草草决定了系统的框架和细节，就是为了极致压缩售前签合同的周期，这就导致一种现象，在签订合同之前大量信息化公司主动出具方案，但是企业此时的参与度极低。

合同签订之后，信息化公司的出勤率低了很多，甚至不会再来了，并非其停止了工作，而是已经在做键码等工作，我们的企业也是满怀信心地等待这个系统上线。

等系统上线的时候，企业却发现这个系统怎么和当初描述的不一样呢？企业根本用不了，只能要求信息化公司进行改造。

为什么信息化公司收取的实施费那么高，可做到最后甚至亏钱？因为有时候他们面临的系统改动比重做一套还要费事。

到了这个阶段，企业说怎么改信息化公司就怎么改，但是在按照企业中的这个人的说法改造完成后，另一个部门的人又跳出来说："怎么能这样，我不同意，你给我改成那样。"

至此，系统开始以一种不健康的状态发展，但还是有人不满意，一个恶性循环由此展开。

我觉得售前做这种程度的准备就签合同，可能没有几个信息化公司会同意，签合同可以提前，但是完全定稿去做设计的这个时间一定要留够，这项工作短期来说成效可能不明显，甚至很多企业的负责人会不理解，但是它可以大大降低系统的"烂尾"率。

这种协定一定要在双方或者多方的正式会议上达成，而且要不止一次强调，具体方法大家可以参照以下流程。

✧ 确定小组成员

小组成员至少应该包括三方，即企业方、系统方、咨询方（可以由系统方支持或提供资源）。

企业方需要包括公司总经理、相关业务主管副总经理和高层管理者、相关流程的业务部门负责人、相关业务部门的核心人员，以及和业务无关的其他部门的人员。

在系统导入过程中，流程固化优化对于企业来说是一项重大的变革，一直以来所有人都把"一把手"工程挂在嘴边，但是在执行的时候，别说"一把手"，可能连操作人员都是刚过实习期的年轻员工，以他们的经验可以承接"一把手"的工作吗？

所以，公司总经理必须在，相关业务主管副总经理和高层管理者必须在。

为什么还需要和本业务无关的其他部门的人参与呢？因为他们的角度更加客观，一直在流程之中的人，时间长了多少有一些习惯性"麻木"，此时就需要一个局外之人去帮助看一下这个流程和操作。

售前信息化公司方的项目经理、相关负责人以及后端负责架构和实施的技术负责人必须在。

一般来说，在项目前期看不到后端的人员，后端的人员也不认为他们需要参与前期的一些工作，但事实上，有一些技术问题在后期实施的时候发现根本无法跨越，后端人员提前介入意义很大，可以有效避免信息化公司"吹过的牛"无法兑现。

此外，这个过程还需要咨询方的参与，咨询方在之前应该为企业提供了相关培训，并且已按照信息化公司的框架陪伴企业方进行了业务流程梳理，甚至已经和双方进行了流程优化的碰头会议，在会议中，咨询方能更好地帮助企业和信息化公司做取舍。

◇ 确定目标流程

之前我们讲过，不是所有的流程都需要关注。根据信息化公司提供的系统框架，我们需要重点关注价值链上的核心流程，而这些流程在之前双方绘制流程图的过程中没有达成共识，所以才需要在这种大型正规会议中做出决策。

那些不重要的、不需要公司总经理等高层管理者决策的流程可以以分级会议的形式决定，在这个会议上只对链条特别长、业务部门关联多、和公司的研产销有核心关系的流程设定做出决策。

所以，企业和信息化公司应该以小组成员为核心成立一个领导小组，并在会议之外完成会议分级、讨论、沟通等其他详细的工作。

在正式会议开始前，就要把需要梳理的目标流程定好，并约定本次会议只梳理这些流程。

关于这些流程的现状，也需要进行会前定义。比如，流程执行是不是太随意？在日常工作中，大家执行起来是否全凭领导一句话？

这个流程权责是否清晰，是不是经常出现推诿扯皮的现象？

这个流程的工作要求是否明确？是不是"纸上谈兵"，没有实际操作的基础，或者说这个流程的节点是否有但是没有控制？就是知道要做，但是做到什么程度没有一个规定？

这个流程的输入和输出是什么？是不是没有明确规定？

总之，在确定目标流程的时候，领导小组也要把流程当前存在的问题梳理出来，毕竟我们请公司总经理等高层管理者、信息化公司和第三方咨询公司相关人员到场是为了解决这个问题。

◇ 进行正式会议

正式会议上，三方需要一起看板，最好是实体的，需保证讨论的每个流程都有一块属于自己的看板。

我们需要一个看板去呈现这个流程的走向，这块看板只需要显示这个流程相关的几个部门，其他地方全是空白。

环节1	完成现状建模会
环节2	完成现有流程问题分析
环节3	进行问题快问快答
环节4	进行流程优化

会议的第一个环节，就是完成现状建模会。

由信息化公司和企业方共同将当前流程以贴便利贴的形式贴在看板上，简单来说就是详细梳理本流程在经过每个部门的过程中，相关人员都是怎么操作的。

会议的第二个环节，是完成现有流程的问题分析。

选择另外一种颜色的便利贴，由信息化公司、企业相关流程部门依次贴上这个流程目前存在的问题，不管是痛点还是盲点，大家都要本着充分暴露问题的初心去客观地看待这个流程。

会议的第三个环节，就是进行问题快问快答。

由咨询公司主导，对之前大家发现的问题以及流程本身的问题进行提问，由相关负责人进行回答，在此过程中把一些涉及文件等方面的要求用便利贴粘贴在看板上。

这个流程的管理者是谁？这个流程从哪里开始，到哪里结束？它运转的动力是什么？该流程在这个部门的输入和输出是什么？这个流程的控制点在什么地方？这个流程为什么要这样设计，是我们独有的还是行业都有的？

总之，问题快问快答这个环节就是希望企业方站在客观的角度看待自己的流程。

会议的第四个环节，就是进行流程优化。

既然已经把问题梳理清楚，接下来要做的就是来优化重组流程了。流程优化的路径只有四步，即取消、合并、调整顺序和简化。

原则就只有一个，在保证可靠度的情况下让路径更短、效率更高；同时，信息化公司要评估每一个步骤改变后可能会对其他业务模块造成的影响，如变更关系，并对此进行反馈，以帮助企业更好地做出决策，也即流程要不要改变，会不会在这个环节省事了反而会使其他环节的操作更复杂？

管理最大的错误就是追求"极致"，就是觉得每一件事都要做到最好。管理作为一个复杂的体系，任何看似极度"利事"（单一事件）的决策都会带来让人意想不到的损失。

管理，其实就是"平衡"的游戏。

在平衡整个体系的过程中，参与者需要深度思考，需要躬身入局，需要充分讨论，这样即便最后的结果还是没有达到预期，但是一定会比匆忙做出决策结果要好得多。

比如，我们在没有开会讨论的情况下上了信息化，且采用的是成熟的框架，结果却发现这个框架并不适合我们的企业，于是开始扯皮纠结，在浪费时间的同时也浪费了金钱。

此外，有多少公司的管理者还习惯于"一言堂"的决策模式？我们请总经理或者董事长参加这些会议，也是秉承着在延续领导固有风格的情况下让结果更好的原则，是一种极致平衡的管理方式。

我见过一些因为"决策极致"带来问题的案例。有一个客户因为长期达不到客户交期，于是认为是因为自己没有库存而无法和竞争对手比交货速度，所以投入8000万元去做备库。把公司能流动的资金几乎全部投进去了，但适逢行业技术变革，这8000万元的备库就永远成为"库"了，因为没有再"备"的一天。

如果企业采取的是上述会议模式，大家可以一轮轮去讨论、反思自己的订单交付流程，可能就不会做出备库这个决策。

流程优化不仅仅适用于公司上信息化的过程，任何一个达到一定规模的企业都应该设立专门的流程优化职能。可以设在运营中心，也可以设在总经理办公室。定期梳理公司的重要流程，请所有的管理者都参与进来，所谓持续改善，就是如此。

◇ 流程试运行

流程的未来状态已经在会议中呈现出来，就这样做信息化固化吗？当然还不行。因为没有试过的决策从一定程度上来说与"纸上谈兵"无异。

流程定了，领导"拍板"了，就可以开始试运行。信息化公司和第三方咨询公司跟进流程试运行的全过程，并进行记录和反馈，最终确定公司到底要怎样执行这个流程。这样我们才算是把一套好流程从线下搬到了线上。

对于大部分流程来说，其实采用小规模会议模式来听取信息化公司的建议并以各种方式进行双向沟通即可达成共识，我们只需要对20%甚至更少的极少数重要环节、影响公司价值链的核心流程进行优化，就可以影响公司80%以上的绩效。

大部分流程可以依照信息化公司的框架进行改造。在上系统的过程中企业不能做"甩手掌柜"，把一切都交给第三方咨询公司，也不能力求事事精准，在细枝末节处也锱铢必较，以致走流程本身的管理费用比物品本身的价值还要高，那就得不偿失了。

所以，这还是一个平衡问题。

本部分我们了解了要一边做融合一边去优化企业那些与价值链息息相关的至关重要的流程，然后把它们放到线上，其中的步骤和工具也说得非常清楚，大家可以一边实践，一边总结。

在下面的章节中，将对一些企业必备的和系统息息相关的工具以及企业管理准备的部分展开叙述。

系统确实不是买了就能上的，本书第一部分中提出的诸多疑问可以从下述章节中找到答案。

3.ERP上了，WMS上了，数据还是不准，仓库管理做好了吗

站在企业方的角度来看，它们为什么要上ERP和WMS？

当然是需要"诸葛亮"了！都说"军师不常有但ERP我们可以买得起"，家大业大的公司总需要有一个"大掌柜"的；还有就是这几年下来，看起来营业收入越来越高，库存也越来越多，自己也不知道库里有多少东西，这些都得优化，不然哪天公司都开到"悬崖边"了（资金链快断了）自己都不知道，那时候问题就大了。

很久以前，我们第一次接触台式计算机，都是通过学校开设的一门叫作"计算机"的课程，老师会一点一点地给我们讲解计算机该怎么使用，这些按键有什么作用，以及该怎么操作。

慢慢地，这些操作已经不再需要经过大脑，而成为一种自然的行为；但是你是否忘记了在学习计算机操作之前，我们一定是有了诸如英语的基础、写作的基础等，接下来才能去真实操作。

基础必须有，而且是通过学习慢慢建立起来的。

现在我们可以将上信息化系统与我们学计算机时的状况做一下对比。请问你真的打好基础了吗？

当你本身的基础管理水平没有达到要求的时候，就像一个看不懂英

文字母却去学习操作计算机的学生。

ERP上了，WMS上了，工具都准备好了，基础部分我们也需要看一下还有哪些需要弥补。就像上高考补习班的同学，最后有的考上了理想的大学，有的落榜。一样的老师，一样的系统，结果之差并非培训不到位，而是差在了基础上。

（1）仓库认知

我经常被问到：如果公司管理中有很多问题，应该从什么地方着手解决？如果觉得哪里都有问题，又应该从何处入手？这个时候我就会建议大家，不如就从仓库开始。

客户这个时候可能会有很多的疑问，比如，他们可能会说："仓库其实并不是那么重要啦，我们的仓库管理人员都是有着几十年仓库管理经验的老员工，他们工作认真勤勉，仓库管理得一丝不苟，我觉得问题都不在仓库上。"

大家觉得呢？其实仓库可以说是管理的"万恶之源"。仓库管理得不好，它也许不仅仅是管理的问题，还有可能是一系列深度的经营问题。

不可否认的是，仓库的管理首先凸显的是管理问题。

如果原材料的仓库数据不准确，一定会影响物料需求计划的准确性。比如，你本来需要5个产品，仓库里只有3个，但数据显示仓库中有5个，那么你的物料需求计划就一定会受到影响。

如果成品仓库的数据不准确，一定会影响成品生产计划的准确性。很多公司的成品实行的是备料式生产，如果这个数据不准确，会产生后续一系列的生产计划方面的问题，造成大量的资源浪费。

当然，还有很多公司实施的是部件备料生产模式，这种生产模式在很多装备制造企业中是很常见的。企业常常认为自己面对的问题更多是欠料问题，而欠料问题的根源就是无法获得准确而及时的仓库数据，如果没有准确及时的仓库数据，那备料实施就没有根基，因而也就很难完善地实施下来。

当然，我们还会遇到一种情况，就是公司虽然有ERP，但是在实际运作的过程中常常是两套账同时运行。

在ERP之外，还有一套手工账。为什么会发生这种情况呢？

有的公司会说，是因为ERP供应商的能力不足，服务能力较差；但是事实上ERP只是一套运算法则，它的底层逻辑是管理的问题。

如果我们的仓库管得不好，没有办法提供准确及时的仓库数据，即便你选择了世界上顶级的ERP供应商，也很难将ERP系统运行起来，然后就会在系统里面堆积大量的"数据垃圾"。

很多公司的领导者因此会说："花了这么多钱，上了ERP又有什么用呢？"

确实，当企业的管理不好的情况下，请你先不要上ERP，先将企业内部的问题理清楚。

此外，仓库数据不准确还会造成欠料问题，并最终影响生产的效率。有的企业说，自己如果没有欠料的问题，就可以提升至少20%的生产率，对此我是认可的。

所以说仓库管理问题对于企业来说就是"万恶之源"。

仓库管理不善会造成一系列的问题。作为一个企业生产制造的源头，如果仓库出现了问题，后面出现的种种问题都有可能是由它引起的。

仓库的问题，从另一个层面来说就要探究到经营管理的问题，这是一个很有深度的问题，也是被很多管理者所忽视的问题。

在仓库数据不准确的情况下我们的决策就会受到影响。我们会购买大量不需要的产品，将其放在库存里面成为呆滞物料，从而产生大量的沉没成本。

很多公司都在说："我们的钱都去哪儿了？我们的钱都在仓库里。仓库的钱都去哪儿了？仓库的钱随着呆滞物料的产生慢慢就被消化掉了。"

所以，企业经营所得的大量利润最后都会成为仓库的沉没成本，这是一个非常可惜的状况，它占用了我们大量的流动资金。

成品仓库数据不准确，还会造成欠交货或者成品的呆滞问题。如果企业生产了太多产品而客户却没有用的话，那么这个成品就会成为仓库中的呆滞品。

可以想象成品在生产的过程中也经历了原材料采购、生产、检验等一系列过程，它最终没有变成客户手中的产品，而成为我们仓库中的呆滞品，这些成本都是由企业来承担的。

仓库数据不准确还可能影响库存周转率，影响资金周转率。这个不需要多说，大家都明白，当我们的钱都压在仓库的时候，我们的库存是转不起来的，资金也是转不起来的。

说了一般的经营问题，这里还需要讲一个"灰色"或者"黑色地带"的仓库问题。

曾经有这样一个案例，一个公司的仓库管理员和公司的货车管理员、经济管理员三个人沆瀣一气，他们在物料卡上做了一些手脚以倒卖公司库存中的半成品，并且在公司内部，一路畅通无阻，最终给公司造成了巨大的经济损失。

对公司来说，这就是一种财产流失。

当然，问题达到这个层级，我们就需要考虑仓库管理问题不仅仅是一种能力问题，也可能和权力、利益息息相关。仓库的这些漏洞是需要引起最高管理层的高度警惕的。

事实证明，很多公司都不是"死"在生产环节，而是"死"在了仓储环节。

如此，你应该明白了仓库管理的重要性，也明白了为什么很多公司的精益管理和成本管理必须从仓库入手，因为管好仓库就管好了一半的成本问题。当然，这也是那么多公司迫切地上ERP和WMS的原因。

如果要求仓库按照BOM来领料，要求大家按照一定的逻辑和规则进行限额领料，只要把这一环卡紧，仓库管理70%以上的问题都可以解决。所以仓库管理真的很重要，我们需要从现在开始努力把仓库问题作为需要首先解决的核心问题。

（2）上系统前进行仓库优化

知道了仓库是"万恶之源"后，关键是要看我们该怎么做。

对于一个仓库来说，仓库管理人员就是灵魂人物，我们评价一个仓库管理得好不好，确实应该从仓库管理人员的评价开始。

其实，好的仓库管理人员只有两条评价标准：一是对事，二是对人。

对事而言，唯一的标准就是账物卡的准确率。在任何时候，当我来到仓库并拿到你的货物数据的时候，核对账和物都应该是对得上的。

对人而言，我们需要评价这位仓库管理人员的职业道德，包括他是否能保守商业机密，他的工作态度和责任心如何。

可以说仓库管理的评价标准既简单又不简单，按评价标准真正做到位是非常困难的，做不到的话结果就非常糟糕了。

如果我们真的想让仓库管理达到一个非常高的标准，那首先应该为仓库管理设定一个较高的目标。

我们可以设定账物卡准确率。当然，开始的时候我们不需要把这个目标设成100%，因为这是不现实的。

我们可以分仓库、分仓库管理员、分阶段地去设定目标，并且需要明确完成日期和责任人。

在达成共识的基础上给大家提供一系列的解决方案和工具，这样我们的仓库管理就有了抓手，也就有了依据，从而可以获得大家的支持。

仓库的基础管理，可以分三步走。

◇ 第一步：超市化运行

完善仓库基础管理可以遵循一条原则，那就是将它打造得像超市一样。

大家可以想象，如果进入我们的仓库，任何人都可以通过区域划分和标识找到自己想要的东西，那么这就是一个管理完善的仓库。

我们首先需要绘制仓库的平面图，制作各个区域的标识，并把它们悬挂起来。要求各个区域摆放的物料大类名称都可以从平面图上显示出来，也可以通过悬挂区找到，比如五金件区、塑胶件区等。

悬挂图一定要大而清晰，必须是醒目的。还是那个原则，要像在超市一样标识清晰。我们进入超市的时候可以清清楚楚地看到哪里是杂粮区，哪里是水果区，哪里是日用品区，我们可以按照这个标准来整理和整顿仓库。

在仓库的物料摆放方面，我们要求物料要分类摆放，一定要整整齐齐。

在仓库货架的管理方面，我们需要对各个仓库货架的层数进行编号，并在每一个货架旁边悬挂摆放示意图，标明这一层有哪些物料品种以及对应的物料明细。

有人说这最简单了，我们公司的仓库就是这样的。

其实有一种有效的验证方法，我们可以随便指定一个人进入仓库，请他找到指定的物料，看他能不能找到。当然这是一种比较极端的验证方式，我们也不需要一定做到10分，做到8分就可以了。

◇ 第二步：仓库日常出入库操作规范化

首先要重新明确各仓库管理人员的工作范围和工作内容。在很多公司里，虽然有很多个仓库管理员，但是大家一直有种"吃大锅饭"的感觉，反正仓库里就是这么多活儿，你干我干，大家一起干。

好的仓库管理需要对仓库管理员的工作内容和工作范围做出明确划分，这样可以保证在出现问题的时候能够追责到个人。

追责不是为了惩罚，而是为了彻底堵上漏洞。

我们要求仓库管理人员必须填写完整的账物卡，填写信息包括出入库单据编号，并且要有仓库管理人员的签名。未来上系统的时候就是把这个环节完整地"搬运"到系统中。

其实反向思考一下，为什么有的公司即使有非常好的仓库管理软件，照样会出现账务不符的情况呢？

因为管理的手段和日常习惯才是关键。

有的仓库管理人员习惯拿到单子就把物料发放给领用人，最后再进行登记。需要思考的是，如果在这个过程中物料单丢失，那你有再精确的系统也没用。

有的仓库管理人员习惯一边接收领料单据，一边在我们的账物卡上进行相应的记录。这种做法就在很大程度上减少了账务不符的情况发生。

仓库所有的账物不符都是一个日积月累的过程，如果每天从每个小细节上对仓库人员加强管理，让他们有这种管理的意识，我们就能长长久久地把正确的数据传承下去。

如果还是有很多不规范的操作，甚至有的人来仓库领料的时候说

"我这个东西用得很急,我现在马上就要用",领料人在没有单据的情况下就可以把物料领用出来的话,可想而知仓库管理数据是一定不会准确的。

所以产生的所有单据应每天核对清楚,不要留到第二天。

紧急情况下确实由于各种原因造成当时无法取得正规的出货单,也需要执行"前单不补,后单不收"的策略,也就是说,我们仅为你的这种非正常领用提供一次便利,第二次则需要在第一次非正常领用已经完善的基础上才可以进行作业。

◇ 第三步:仓库点检日常化

有人说:"你上面说的我都做了,可还是账物不符,你说怎么办吧。"

其实仓库管理中有一个绝招,也是一种被称作"笨中极品"的办法。这个办法就要考验领导层根除仓库问题的决心了,如果大家有决心,就来试一试,你试行一个月看看有没有发生什么变化。

这个方法就是——点!点!点!

谁来点?很多人。

对于仓库管理人员,在他的职责范围里写清楚,要求每天对账物卡进行复盘,内容包括复盘的比例是多少。我认为不要低于在库的5%,此时高级的仓库管理软件就可以用起来了,至于复盘抽检的算法,无论是按照类别还是按照ABC法则都可以。

对于每周安排仓库管理人员复盘哪些物料也要规定起来。

记住,仓库管理人员无权调库。

那么,仓库和仓库之间呢?建议建立交叉抽点机制,各仓库管理人员之间也要形成良性竞争机制,每月表现最好的仓库管理人员、别人盘不出问题的仓库管理人员,相应的激励必不可少。

仓库经理得每天来抽点一些物料,不能一周开个例会就完了。

物控专员得每天来抽点一些物料,不能只在开会说没料的时候大发雷霆。

各位高层管理人员、总经理，如果你们深知仓库账物一致的重要性，你们也可以每天（除出差）来仓库巡查，哪怕只盘点一种物料都是可以的。

只要每个相关管理者都做一点点工作，慢慢织成一张不透风的网，仓库就不会成为"万恶之源"，而会成为成本管控最有力的抓手，它帮企业收到的效益之大，是你在制定这个"笨办法"之初不敢想象的。

这三步，如果你想拥有"完美"的仓库管理，缺一步不可。

三步以后，你就完成了学习计算机操作前的基础准备，至于你完成这三步的时间是两个月还是半年，是跟随ERP或WMS同步进行还是在上系统之前完成，都是可以的。

我对"跨越式"发展的定义是，一步都不能少，但是可以跑得快一点，而不是完全省略了之前的步骤。如果省略了这些步骤，当计算机摆在你面前的时候，当系统上线的时候，你面对的问题一个都少不了，最终还是得回到开始的地方，重新来过。

所以，在请"军师"之前至少应该让"军师"确切地知道自己到底有多少资源，"军师"没有办法帮你完成点数，也无法在不正确的数据上帮你做出正确的决策。先把自己的仓库整理明白，落实好管理的小细节，"军师"才能获得一幅真实的"沙盘"，也才能"指点江山"。

4. 物料管控是企业成本管理的核心

通过完善仓库管理流程，企业的物料数据准确了，ERP和WMS也上了，但是成本似乎还是很高，这些系统是没有起作用吗？

这是一个关于系统背后应该做哪些管理动作的课题，只有这些动作做到位了，管理上细致了，才能将系统的价值发挥出来。

仓库管理解决了仓库数量的准确性问题，也从源头上解决了一些物料控制的问题，但是这些动作对于成本管理还是远远不够的。

对于制造企业来说，物料成本的占比极高，所以从仓储管理开始，把物料精细地管理起来，就能把成本管好。

先来问一个问题，你的公司有"物控"这个职位吗？

如果你的回答是，"物控是什么？"那我几乎可以确定，你的公司一定有一些因为物控职能或者职位缺失造成的问题。

很多公司在用人上做到了滴水不漏，所谓能不用人就尽量不用人，能少用人就尽量少用人，毕竟少一个人就少开一份工资。物控职位可以没有，但是如果没有物控职能，物料管理仅靠我们的仓库管理这一个控制点，是远远不够的。

我们先来梳理一下公司在物料控制方面经常遇到的问题，大家来看看自己的公司是不是存在这些问题。

再回到木牛流马的生产加工案例中。工厂刚接了东吴的100台订单，我们的产线本来每天可以生产一台木牛流马，但是现在已经两天了，一台还没有装完。销售部经理匆匆忙忙跑到车间里，询问这100台木牛流马的订单的生产情况。大家都明白，到了交货时间还没出货，问题可就大了。

"我有什么办法？你看看，我们需要的轮子都是外包制作的，现在欠料了，没米下锅了，肯定是生产不出来的。"车间主任慢悠悠地说。

"如果能解决欠料的问题，我们绝对能按时交货！"他又补充了一句。

销售经理看着满地的物料陷入了沉思，是的，订单需要的轮子配件欠料，但是车间里堆满了用不着的物料。他走到仓库区看了看，更是被仓库中满满当当的物料惊得说不出话来，很明显，仓库已经把生产现场的空间压缩得连下脚都很难了。

销售经理想着如果因为无法出货而被罚，自己连提成都得搭进去，于是赶紧给总经理打电话："总经理,这100台木牛流马订单如果不能按时交货,人家明年要给我们下的1000台订单可是没希望了啊!"

总经理一听,火都冒起来了,打电话给采购经理:"我告诉你啊,一定要不惜一切代价,把欠料赶紧拿到现场,让生产加班赶出来!"

采购经理也很郁闷,他回答:"原本订单下来的时候咱们库里应该是有料的,本来能支持一段时间,但是仓库管理人员管理不善,那料说发就发出去了,等到发现料不够了,我们又下单补料的时候,咱们那个BOM表又算错了,我们拿到的轮子订单下单的时候就少了东西,这一来一往的料就到不齐了。"

"我不要听那些借口,你就说我的配件以最短的时间到位能不能办到?"总经理气冲冲地问道。

"就是配件贵3倍,只能走加急,为了防止有废件影响生产,我就多买20%的量,可以吗?"

总经理想着明年可能的1000台木牛流马的订单,点头同意了。

这样的事情一次又一次地发生,终于有一天财务经理跑到总经理面前,说:"总经理,从订单金额上来说,我们的销售收入确实是增加了,算下来也是赚钱的,但是那么多加急加量的订单下去,咱们的现金流可是要扛不住了,您再看看仓库,已经扩建了50%,投入的资金已经好几千万元了。"

总经理一听,立马火冒三丈:"我们不是用了ERP吗?你们是怎么管理的?"

"总经理,ERP是用了,数据也是对的,但是之前咱们管理上的问题并没有解决啊,仓库管理员还是分不清什么应该报废,什么不应该报废,收发料和补料也太过随意,BOM表又不准确,您之前说为了交货不计代价,生产因此往死里提计划,我们也不敢说什么,现在实在是现金流扛不住了,这才和您汇报么!"

这应该是很多企业在经营过程中存在的物料管理问题，这些问题和企业使用什么系统没有关系，其核心在于和物料控制有关的规则是否完善，是否有相关的职能在各个环节进行层层卡控。

物料管理好的结果常常被大家忽视，而一旦物料控制得不好，我们就会在欠料、多料、仓库不足、现金流吃紧等各种"恶果"之间来回穿梭，这对于企业来说是非常危险的。

所以，现在就开始做好物料管控吧，毕竟这个部分和我们60%以上的成本息息相关（大部分制造业物料成本占总成本的60%以上）。

（1）做好物料需求计划，解决物料的灵魂供需关系

要说到ERP中的核心功能是什么，那就是MRP。MRP全称叫作"物料需求计划"。我所了解的大部分公司上ERP都是为了能把物料需求算准确。

我们在第一个章节里讲的《乔家大院》中的场景，其实也是物料需求计划的计算过程，就是我到底需要买多少物料，当前我有多少物料。

这个计算过程用逻辑来表达是相对简单的，它是将生产计划、BOM、库存信息、采购信息综合起来进行逻辑处理，以保证我们在正确的时间按照正确的数量得到所需的物料。

用通俗的话来解释就是，按照我们产线的节奏，我们今天需要两个轮，这两个轮今天可以用上，也许我们一共需要100个轮，但是总生产周期是两个月，那么公司就没必要把100个轮全部买回来放在仓库里，一是会占用仓库的空间，二是会占用公司的资金。

准确的物料需求计划可以在保证生产部门不欠料的同时，将库存物料降到最低限度，找到两者之间的平衡点。

因为很多公司的采购可以说是一个"灰色"职位，所以很多公司会采取间隔时间调岗的方式去规避这种风险。采购之所以是"灰色"岗位，根本上是因为其权力太大，它的决策、监督和执行是一体的，采购人员在拿到计划后不仅可以自己决定买谁家的物料，也可以自己进行购买操作，而且采购环节没有交叉监督；但是通过物料需求计划可以将采购的决策权、监督权和执行权进行分割，各岗位各司其职，我们通过系统定义和流程的走向就可以有效规避"自采、自管、自买"的情况。

其实，对于企业来说，存在的所有"漏洞"从根上来看都是流程管理"缺失"造成的，我们很难通过人管人的方式去解决"不这么做会怎样"的问题，也就是说，对于任何公司来说，它的管理细则和流程都是非常完善的，但是员工就是不执行，长此以往企业也就没有制度可言了。

如果所有的系统设定都是"不这么做流程就走不下去"，大家都能看到所有流程的时效性以及相关人员的处理效率，系统的出现对于"摊子很大"的公司来说，其必要性就体现在这里。

再说物料需求计划，它可以解决物料管理中"买多少，买什么，什么时间到"的问题，从而帮助企业降低制造成本并减少物料库存，也不会出现由于欠料造成停线的问题，从而缩短企业停工待料的时间。

物料需求计划可以帮助企业对市场需求快速做出反应，而不会因为市场变化太快而企业反应太慢造成经济损失。

物料需求计划是生产计划执行的保证，没有物料需求就不可能有好的生产计划。

我们要生产100台木牛流马，计划每天生产一台，100天完成这个订单，计划已经排到MES里了，但是产线每天欠料，那这个生产计划就是没有意义的，也就无法保证按时交货。

（2）设定物控职能，和线上的物料需求计划上下配合

物料需求计划在线上，它会自动计算，但是说到底，那也只是一台计算机，支持物料需求计划的是物控职能，本章第一个案例里出现的各种物控缺失的问题，都是因为物控职能不完善造成的。

关于公司要不要做物控的问题，你可以看看这个场景。

比如，需要购买木牛流马的组装原材料，一共涉及三个生产小组，分别是车体组、车头组、车轮及动力组，这三个生产小组根据交货计划分别拟订了物料清单，然后汇总给采购人员。

采购只有一个人，那就肯定有一个原材料先买和后买的问题，三个生产小组的物料清单是一起来的，物料采购的先后顺序就得由采购人员来决定，而采购人员采购的先后顺序取决于他自己的判断，车头组的组长平日和他交往多一些，那么就先买车头组需要的物料吧。

结果就是该先组装的车轮和车体待料，而最后才需要组装的车头物料先到了。

还有就是大家虽然都提了计划，但是组装加工过程中总有报废，采购人员知道仓库管理员有料就发，到最后往往会欠料，所以他总会多备一些料，这样就不会收到欠料断线的投诉，总经理也就不会因为这个问题找到他。

由于公司只有一个采购人员，所以也就不存在"三权分立"的问题，采购、决策、监督和执行权都在采购人员这里，他的采购权力很大，但是表面来看三个组的任何人都可以给采购下单，采购人员再根据自己的判断决定先买什么，后买什么，甚至是买多少，最后就造成公司产生很多的呆滞废料，而且由于采购权力过大，即便采购的物料部分不合格，采购人员也都能"摆平"，因为合格率问题压根儿没有人去管。

到了仓库管理环节，问题就更大了，原来仓库里有两个人，但是总经理觉得仓库管理员不过就是个"看门"的，一个人就足够了，所以整个仓库管理基本上处于失控状态。

仓库管理员年纪大了，每天这么多物料进进出出，多收、错收、少收的情况在所难免。对于仓库管理员来说，他能管物料的进出就已经达到了能力的极限，至于入库的物料是否符合要求，他是不懂的，也是没法管的。因为仓库里只有一个人，空间又小，仓库管理员希望生产部门能把所有的物料都领走，别说今天生产什么领什么物料，他希望车间将今年要用的物料全部领走，只要不在仓库里放着就行。

所以生产现场才有那么多物料，当然，物料堆在现场一定会有损耗，本来采购人员买的就多一些，实在不够了就让采购人员再去买。

因为一下子领出来太多物料，生产组长在用起来的时候就没有压力。

加工坏了？用得多了？这些通通不是问题。用完了再去领就好，仓库没有了再去买就好，不合格的扔掉就好，没人去追究你超出用量该怎么办。生产用料没人统计，没人管，生产人员完全不需要为这些事情担忧。

这样一通操作下来，这种环环失控、环环不管的生产状态，最后使得公司的资金变成了多余的库存，变成了不良品和呆滞品，甚至成了个别利欲熏心的管理者的变现渠道，公司的现金流能不紧张吗？

物控职能，就是为了解决上述所有的问题，所以物控职能真的是非常必要的，它的存在就是和我们线上的物料需求计划上下配合，防止发生物料损耗失控现象，避免资金被不合理浪费。

所以，千万别为了节省一点点工资就放弃这项职能的设置，一个公司看不到的浪费的资金远远超过付给一个物控人员的工资。

（3）物控关键控制点设定

◇ BOM表

"巧妇难为无米之炊"，要想物料控制得好，BOM表管理少不了。

大部分公司的物料请购计划有问题最终造成欠料，都是由于BOM表不准确引起的，后续我们要在系统里运行物料需求计划，其中的一个核心参数就是来自BOM物料清单。

比如，一个车头由25个零件组成，所以按照25个零件下单，实际上这个车头是由26个零件组成的，这不就造成问题了吗？

所以上ERP也好，运行MRP也罢，BOM表都必须精确。

BOM表是产品所需要零部件的清单和组成结构，生产一件产品所需要的子零件及其产品中零件数量的完全组合。

BOM表又有工程BOM和制造BOM之分。

EBOM就是工程BOM，一般在研发过程中使用，它主要体现产品结构。

PBOM就是制造BOM，一般是由物控、生产、仓库等部门使用，需要分解到产品结构的最底层，主要用于物料计算。

研发工程师提供的EBOM，在系统里可以转化为PBOM，即分解为最小的物料。

这个转化关系就是列明成品、部件、组件、零件和原材料之间的结构关系，这个部分是需要精确定义的，系统会根据转化关系，也就是我们列好的算式进行转化。如果这个关系算错了，那么物料需求计划的基础资料就错了。

比如，制作一个大的年馍，需要有六个面花瓣儿。

二、把系统功能发挥到最大

研发工程师就会在它的EBOM里去做六个面花瓣儿，而每个面花瓣儿需要面粉200g、水30g、小苏打2g、盐1g，这就是PBOM。

计算物料需求计划的时候，就是将每个面花瓣儿需要的单项物料相加，获得物料总需要量，然后减去库存，再加上损耗；但是如果面粉、水、小苏打的配比是不对的，那么这个物料需求计划就一定是有问题的。

所以在运行MRP之前，在线下需要完成BOM的精确导入。

精确的BOM表是未来实际领发料的基本依据，也是产品或物料配套的依据，同时是产品报价、成本核算的重要参考。

BOM表是信息化的原始资料，没有准确的BOM表，信息化就无法完成，即使完成了也全是问题。

✧ 设定最低安全库存

最低安全库存的计算公式为

最低安全库存 =（紧急采购周期 + 紧急购买处理时间）× 日用量

一些库房管理相对粗放的公司，在设定安全库存时是相对随意的，在资金流相对紧张的日子里，对于安全库存的设定就更加随意，只要物料还有库存，能不买就不买，资金充裕的时候就可以备齐一点，备多一点，这其实都是有问题的。

首先，我们设定的安全库存是不是根据这个公式计算得到的？

如果不是，麻烦大家在上系统之前，先把安全库存规范一下。当然，如果有余力，也可以同步设定一个最高库存，在库存超出最高限的时候可以发出预警，帮助控制库存的水平。

其次，除了安全库存的固定公式，我们还需要考虑应对供应商交货的周期波动、来料不良、内部损耗、销售预测不准确等不确定因素，所以安全库存的定期检验是非常必要的。

一个公司重要的物料都在仓库里，安全库存的检验和优化机制是一定要同步建立的。

我们需要通过系统去监控，当达到安全库存量时，由 MRP 运算得到需要购买的量，好让库存恰好够用，又不额外购买。

MRP 能不能准确地运算，要看安全库存设定的规则是否合理。

当然，当 MRP 发起请购的时候，会触发一个请购点。

还是以制作年馍的面粉为例，假设这个订单我们还需要的面粉量为 6 千克，但是面粉的最小包装容量是 25 千克，那么生成的请购订单就必须是 25 千克，因为 6 千克包装的面粉根本买不到。

此外，我们还要考虑这个物料是不是随时都能买到，如果这种面粉是特别定制产品，并非随时可以购买，那就要考虑进行囤货，以避免下一个请购周期内买不到这种面粉。

对于常用的消耗品，我们知道仓库里是有安全库存的，一般领用后库房会发起请购补齐库存，但是如果这个订单量本身就很大，远远高于企业的安全库存，那么就应该直接按照订单数量进行请购；而一般的消耗品就直接按最低安全库存量进行请购就可以了。

需要重点指出的是，最低安全库存量不是恒定的，需要每月或者每两个月、每个季度进行定时调整，所以对于仓库很大却只有一个仓库管理员的公司来说，要完成这项工作基本上是不可能的，因为他根本没有时间去调整。

当我们去一些公司做调研的时候，一般早上会压着大家上班的时间到车间去，看看公司的员工是怎样进行生产准备的。我们经常会看到公司各个产线班组的人围在公司仓库门口等着领取物料，且领料时间很长。

原因很简单，公司仓库只有一个仓库管理员，昨天入库的物料还没点明白呢，早上还要发货，还要找货，仓库管理员也没有三头六臂，无法在一个时间段内为几十个人服务，所以，从早上开始，我们的产线就已经开始"赔钱"了。

有这种情况的企业，我们即便用MES做了计划，又能怎样呢？两个小时过去了，员工还没拿到生产物料，他们的有效生产时间已经从8小时压缩到6小时。总经理说今天该生产的产品没生产出来，厂长一拍脑袋说今天不做完不准下班，给加班费的话大家尚且可以接受，如果连加班费都不给的话，员工带着怨气加班，再做几个不良品、废品出来，最后又是谁来为这些不良品买单呢？

设定安全库存时还有一个关键要素，就是采购周期。钱不是万能的，也许我们要买的物料正好在供应商的库存里且对方做了安全库存管理，那相对来说采购周期是比较短的；但如果是定制类产品，采购周期就是一个非常重要的管理项。

我们来看一下关于采购周期的定义，它是指从下采购订单给供应商，到供应商交货，再到物料入库的总时间。

所以采购周期是物料交期的主要部分。

在采购周期之前还有采购作业时间，如单据审批（不论是否在系统里）、寻找供应商、询价、比价、议价、付定金、申请付款等工作都需要一定的时间。

在一个规模相对较小的公司里，物料采购需求又比较紧急的情况下，可以采用"特事特办"的方式，但是一旦公司体量上规模，那么所有的所谓"特事特办"都会给企业带来非常大的风险，所以上规模的企业更倾向于用系统进行管理，但即便是用系统管理，这些流程也是需要一定时间的。

在采购的过程中，需要将正常采购和紧急采购分开，将批量采购和零散采购分开。此外，也要将每种采购物品的最短周期、最长周期、一般周期分开。

这些细致的工作做完后，我们才能得到一个准确的采购周期，作为生成我们安全库存的一个重要依据以及按照订单采购的常规周期。

✧ 编制或者生成可靠的物料需求计划

上述准备都做好了，这里补充说明一点，所有这些工作应该由物控这个岗位来完成，如果公司不设物控岗位，那么以上职能必须安排好由谁来做，怎么在流程里体现。

不可靠的物料需求计划，无论是线下编制的还是线上生成的，都会给企业带来巨大的资金压力和庞大的库存。

许多企业"死"于仓库，这绝不是危言耸听。

我们来看看下面几个公式。

毛需求＝订单数量×（BOM用量＋材料损耗率）

可用库存＝库存良品数量－最低安全库存－已下订单未领数量

净需求＝毛需求－可用库存（同时考虑在途量。在途量：已下采购单未交货数量）

> 毛需求 = 订单数量 *（BOM用量 + 材料损耗率）
>
> 可用库存 = 库存良品数量
> - 最低安全库存
> - 已下订单未领数量
>
> 净需求 = 毛需求 - 可用库存（同时考虑在途量。在途量：已下采购单未交货数量）

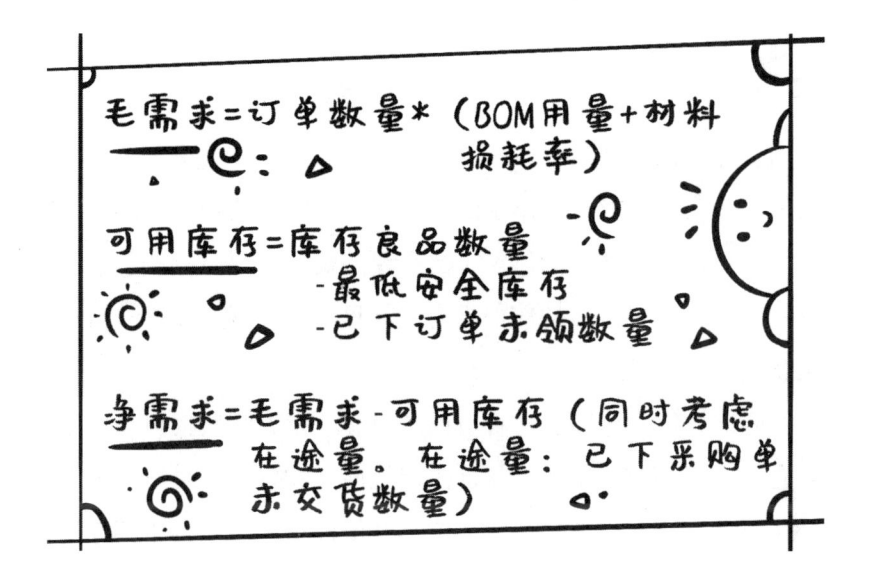

如果是系统作业的话，大家需要看看系统中的逻辑和我们所给出的公式逻辑是否一致。

如果是线下作业，这里还有一些并不通用的规则给大家，大家可以根据企业的实际情况合理地使用和调整。

如果只是单个订单运算，不涉及整体物料需求计划重算时，那就不用减在途量。

如果涉及批量订单运算，涉及物料需求计划重算，则需要减去在途量才是净需求。

如果单个订单、批量订单都要考虑，且在途量的最小购买量大于欠料数量，可以不编入物料需求计划。

所以，并不是企业安装了ERP，里面有MRP就万事大吉了，其中小的规则和控制点都要预先设定，也要有监督和执行，这样去管控物料的时候才能达到好的效果。

有的企业根本不做计划，反正有订单了物料就看着买、看着备，觉得资金不够就考虑贷款，企业大部分时间要和要花的钱较劲，却从来不去反思这些钱该不该花,这些东西该不该买,也不知道自己的仓库里放了多少陈料,管理者从来不去检讨自己的管理工作做得是否到位,他们经常说的就是"钱不够"。

除了一些大的企业,规模小的企业"钱不够"的情况更加突出,但是,钱不够只是一种结果的体现,更重要的是你自己有哪些管理动作去规避这些风险,如果什么动作都没有,就只是一味强调钱不够,那最后的结果就无须多言了。

我们应该经常去仓库里看看自己的库存,看看哪些物料仓库里一直有还一直买,只要有能用的,就优先消耗库存物料,并且设定规则让员工没有选择,让仓库中的物料变成钱,并保证每一个采购单都算清楚后再请购,绝不多花一分钱。

做好这些,我们再谈谈上什么系统。

如果没有物料管控,使用任何系统都没有意义,人不改变,机制不改变,结果也不会改变。

◇ 计划生成过程中难点的控制

我们已经知道在物料需求计划编制过程中会有哪些难点,比如BOM不准,库存不准,批量品质不好,等等,这些问题在任何公司都会出现,重要的是问题出现后应该怎么去解决。

很多公司出现的问题不是今天才有的,也不是昨天才出现的,而是日积月累的历史问题。企业经常开会检讨,但是问题还是会不断出现,从来没有真正解决。

怎样成为一个更好的人呢?一点一点把自己的缺点改好,每天进步一点点就可以。

怎样成为一个更好的企业呢?发现一个问题,看看是由哪些原因造成的,也许有大大小小20个原因,那就每次会议按轻重缓急从根本上解决一个。

二、把系统功能发挥到最大

我们先来说没有BOM怎么办？那就建BOM。

我们已经知道，如果没有基础数值，企业信息化建设将寸步难行，别说实现智能制造的三级集成级，连一级的ERP你都上不去，更别说运行MRP了。

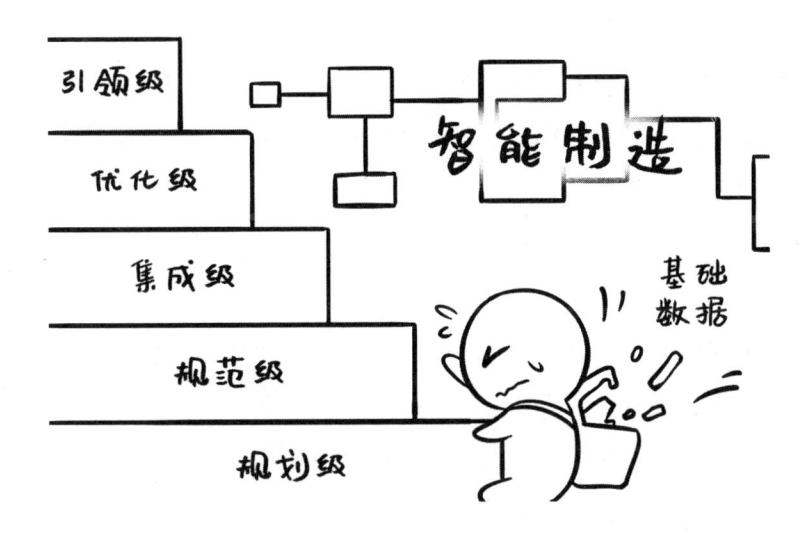

我们可以组织人员攻关，建一套用一套，只要这个产品的BOM出来了，就可以安排按照套数领料或者配送。

公司有BOM，但是不准确，也可以一边使用一边修正，很多公司的BOM修正工作主要放在了研发部门。研发部门的日常工作原本是生成年馍的六个花瓣儿就行，现在还需要进一步给出其中的配比并修正，这么大的工作量研发部门是不愿意接受的，那么就需要制定一些奖励措施，同时生成一些惩罚措施。谁生成了错的BOM表，让公司要么断料要么仓库多料，也是要受到相应惩罚的。

我去过一家焊条生产企业，对方和我说他们企业的粉配方是秘密，那这部分的BOM表该怎么管理？

我看了他们的产品属性，告诉他们配方可以分为大料和小料，大料的部分，比如和面用的水和面，就可以按照BOM表进行配置，小料部分可以另外给予小料定义。关于小料里面用多少盐、小苏打这些关键配方使用的物料，由指定人员按安全库存购买，由专人配比管理，他只要保证车间不欠料，小料供应得上就可以了。

总之，要把BOM的完善和修正放在非常重要的位置。

此外，还需要对样品材料标准进行控制，我见过因为试样领用了正常的物料导致产品没有出货的情况。我们所有的样品的材料申请和管制也要有相应的控制及管理，而且对于一些在运输过程中可能产生损耗的物料，也要针对损耗制定损耗率和检验的标准，主旨只有一个，那就是不要影响最终的库存精确度。

BOM完善后，ERP中的MRP运算基础就搭建好了，接着就是真实的物料采购环节。一般来说，物料有集中采购、统一请购、采购、收货、储存、发放、使用几个环节。

从哪里买？怎么控制进场的节奏？我们的SRM系统就是为此而生的。当然，如果没有这个系统，就把自己公司的流程拉出来，核心就是一点，保证所需要的物料按照节奏来到公司仓库里。

所以从订单开始控制，让相关人员严格地执行按单采购和按单入库流程，然后财务进行对账和付款。

不管有没有系统，过程中各流程都应环环相扣。

等物料到了我们的仓库里，有WMS系统或者ERP里的仓库管理系统可以接收，同步进行安全库存的管理和物品定量定位管理。

着重强调一点，无论你的公司有没有系统，都不能改变我们环环相扣的管理路径，人和企业都不能跳台阶发展，最多只能在成长的过程中走得快一些。

◇ 物料收货过程中常见问题的控制

有一个公司总经理问过我："是不是有了物控这个岗位，我们就能实现'零库存'?"

他眉飞色舞地向我描述："如果零库存，我的钱就不会压在仓库里了呀，你说仓库占用资金，那没有仓库现金流不就动起来了？我也不用发愁谁来管仓库，要什么物料提前让供应商给我送过来就行了啊。"

对于"零库存"，其实是可以部分实现的，但是如果是想实现这位总经理的想法，我们就需要拆解一下其中涉及哪些要素。

东吴让我今天交付一台木牛流马，前一天我要完成总装测试，前两天，我得完成产品生产……

如此"倒推"，我们才能确定今天我的哪条生产线需要哪些东西，然后得考虑给供应商多少时间备货，在它可以控制的备货时间范围之内告诉人家几月几日把轮子送过来，没仓库就直接送到机台旁边。当然，"告诉"这个动作我描述得过于简单，内部是不是要走流程？比价、做单据一个都不能少，这些时间都要计算得准确无误。

很多人一直不理解什么叫作"拉动式"生产，上面倒推的过程就是拉动，是以最后的交货倒逼之前的所有行为的。

我们上的计划管理、MES系统采用的也是拉动式管理模式。

其实现在的很多公司，即便是多年从事生产制造的公司，也不太理解"拉动"的含义，走的就是一条"走到哪儿就看哪儿"的路线，这种计划我们称之为"推动式"生产。

如果产品实在交付不了，就开始堆资源，上人力，上资金，甚至"不计代价"进行交货，然后公司资金流越来越紧张，公司陷入恶性循环中，看不到路在何方。其实核心问题就在于你的计划体系是拉动式还是推动式。

如果没有计划或者是推动计划，上MES对企业来说没有任何意义，大概率是MES走MES的，我走我的。如果要上MES，先得对企业的计划进行优化，把规则给到MES，然后我们才能说是既有了"心法"又有工具，这套系统对企业来说才是有意义的。

所以，当我们能实施"倒推"的拉动式计划时，就能实现部分零库存。事实上，现在很多成熟的整车装备厂的很多配件就是零库存的，但是不可能所有物料都实现零库存。根据需求，仓库管理水平较高的时候，可以实现部分零库存。

继续说交货的问题。其实大家已经理解，所有的物料，无论是否基于"零库存"的要求，都必须按照我们的交货时间到达工厂，这来自"计划"的要求，因为只有每一步都实现，最终才能达成"按期交货"的目标。

所有能够按期交货的公司都有一套可靠的拉动式计划和控制体系；反之，经常无法按时交付的企业，就是计划混乱或者没有计划，采用的就是作坊式管理。

我们要按期交货就得要求自己的供应商按期交货，SRM里面有很多种控制功能，但核心是把线下的几个动作"搬"到了线上，包括与供应商确定到料交期，下单前与供应商再次确认交货期，并将其纳入物料交期跟进表，在过程中不断确认并有相关的绩效考核控制。

有的企业的采购人员是这样和供应商沟通的。

"我们那货做好了没？能不能按时到啊？"

"能，能，放心放心，都安排好了！"

到了日子，东西没过来，采购人员继续催。

"怎么搞的，到底发了没？"

"发了发了，一两天的。"

过了交货期限，东西还没到，采购人员生气了。

"能不能干了？我都快不能干了！"

…………

二、把系统功能发挥到最大

有多少企业是这么做采购的？SRM系统可以针对采购的每一个节点进行设置，包括物料采购过程中的交期跟进，要求双方负责人在网上进行签字确认，下单后要求供应商做交期确认，并在网上进行签字回传，最后生成"采购物料跟进表"进行总体控制。还可以对每个节点进行评估，我们的供应商评估管理中的一些评分就和物料交期、产品品质等指标挂钩。

当然，在交期管理过程中会有各种问题，如果发生了交期异常，也得有相应的处理流程，包括要求采购人员提前几天给物控人员报交期异常，如产品品质异常，在进行交期确认后再次纳入"采购物料跟进表"，同时对于肯定影响原生产计划的部分由物控人员协调主管部门在相关的系统，如ERP和MES里进行调整，如果没有系统，相关的流程制度等必须是完善的。

一切动作都以保证公司的交期和产品品质为前提，尽量降低在线损耗，因为企业的每一天，开门即花钱。

交期处理完后，就到了物料入库环节，因为人员配置的问题，有一些企业的物料还没入库就被产线员工拉走使用了，或者由于人力不足，供应商只管送进来，对于一些控制点没有人进行确认，这些都让入库环节成为一个"黑匣子"，甚至成为一个"灰色地带"。

要想解决这些问题，只有一个仓库管理人员是远远不够的。

如果仓库中只有一个人，既收货又发货，别的不说，就每天上班时大家眼巴巴地等着领料的那两个小时，给企业造成的损失就不止几个仓库管理员的工资了。

人力配置完善后，可以要求仓库管理人员按照采购单定量收货，采购单上请购多少我就收多少，并且要求采购单、检验单、送货单三单一起进行实物验货。在验货过程中也要求三方（仓库、物控、财务）协同收货，并进行确认。

确认后，由物控人员和采购人员监控每日送货情况，同步更新"采购物料跟进表",阶段性转入财务,进行存货控制及付款控制。

这样收货过程就完成了一个闭环操作。

收完货,或者正式签署收货相关手续的过程中,品质控制是必不可少的。品质控制是非黑即白的管理,不能有一丝一毫的马虎。

在收货前,研发部门就得出具完整的检验标准,研发部门既出具BOM也得出具相应的检验标准,有了标准还要规定由谁来执行。

每一批货物,是由品质控制、研发和物控部门协同检验,或者根据实际的人力配置进行安排,只是品质控制职能不在仓库管理人员这边,作为仓库管理人员,他只能提供支持。

否则,物料入库不经检验就安装到我们的产品上,轻则导致客户投诉,重则影响公司的声誉。

产品品质虽然是非黑即白,但是有一些要求不是非常高的物料可能比我们内控的要求差一些,其实也可以满足客户的要求,这种情况下也是可以让步放行的;但是让步放行或者退货都得由品质、生产、物控部门共同拟定策略执行,需要明确各种品质异常的决策权限,而未来在上系统的时候,这些权限和规则都会被同步放在系统里执行。

✧ 物料使用过程中常见问题的控制

物料需求从计划开始倒推出来,一路经过了采购、入库、质量检验,如期完成所有项目后终于来到产线上了。

绝不能让之前小心谨慎的努力付之一炬,这就犹如一位勤俭持家的妈妈,把一辈子辛苦积攒起来的家底殷切地交到你手上。你如果精打细算,就是个孝顺儿;你如果随意挥霍,那就是个败家子。

为什么那么多公司做管理转型都失败了?是真的一点用都没有吗?当然不是。肯定是败在了少数人手中,这就好比你在前面缝缝补补,有人却在背后七拆八拆。

一个项目的失败是局部对抗整体的必然结果,所以管理的核心是平衡。

即便一些部门和控制点实现了飞跃，对于整个公司来说也没有太大的意义，在下一篇章里，我们会带着大家详细拆解计划的大逻辑，企业整体走一步比其中一个部门走十步的意义更大。

物料来到生产中，核心就是消耗控制。

之前我们费了很大的功夫做出来的BOM表此时到了该发光发热的时候，它不仅仅管买多少，同样要管用多少。

我们仓库里的东西不是想拿多少就拿多少的，大家能领的数量都是有限制的，这个限制就来自BOM表。

管理的核心是"充分尊重人性"。

如果我们知道仓库里的东西我们可以想领什么就领什么，那么东西做坏了我们会在意吗？东西即便被变卖了有什么问题吗？这个订单的物料不够了，我们把另一个订单的物料用了，有人管吗？

如果仓库管理完全是"计划经济"，BOM表就是我们的"粮票"，那么我们吃东西的时候都会做好计划，这可是我们一天的口粮，如果中午都吃完了，晚上就要挨饿了。

所以，没有准确的BOM表就没有物料的精确管理。

物料需要遵循定额发料或者送料机制，严格按照计划和BOM表进行按单发料，当然也会遇到诸如生产需要3000克油，一桶油却是5000克的情况，那么就可以一次性地按照最小包装单位领用，然后累计反冲击计算。

一般计划混乱的企业，其BOM表大部分都是不准确的，仓库管理是混乱的，领料用料是随意的，回货周期也是乱的，因为根本就没有管理的抓手。

如果因各种情况需要超额领料，也需要制定和执行相关的超领政策，并同步支持执行退补原则，执行并控制在制品库存，包括不良品入库、退库的流程，这些措施需要物控、生产、仓库、采购各部门进行有效协同作业。

对于非定额用料的部分，就要执行以旧换新的策略，仓库管理人员是没有能力对旧物进行评估的，那么品质和物控部门就要共同出具以旧换新的标准，把责任和具体的操作工作落实下去。

有一些以旧换新有困难的物料则可以采用耗用包干制，比如生产一个车体需要定量使用一盘焊丝，那么领用时就给你这么多，我们严格按照规定用量发放物料。

所以，非定额的物料控制标准也是物控中一项非常重要的工作，一个产品的主料是靠BOM表管理的，而辅料就是靠耗用标准管理的。

主料和辅料占产品成本的60%以上，它们管控的核心就是这两个标准的执行，所以需要企业脚踏实地地把这两个标准制定出来，并放到系统里去监控执行。

不做好这些基础性工作，系统在成本管理的物料管理方面就无法给你支撑，因为系统不知道你生产一个车体究竟需要多少焊丝。当然，当你没有物料控制的概念的时候，对此你也不甚了解，这样的系统就形同虚设，但是事实上，它是无辜的。

物料分发出去后，严格按照定额定标准领料的方式使用，是不是就可以了？

再好的管理方法也需要复盘，物料管控也一样。

物控专员需要对物料按单进行结算，物料要严格执行一单一清原则。每个单子计划用料多少，实际用料多少，要进行一个总结，并且进行结案。很多公司采用的是计件管理模式，员工做完一个产品就拿一个产品的提成，根本不会关注物料损耗，后续可以约定经物控专员签字才能计件，以保证员工在作业过程中对于物料的使用更加慎重。

这些结案数据可以帮助物控专员持续优化用料标准，比如一个员工使用了一种特别好的加工方式，帮助企业一单就省下了1000元钱的物料费，一方面要有公司的激励机制鼓励这些帮助企业省钱的优秀员工，另一方面可以把这种方法在公司内部进行推广，并同步修正物料领用标准，以保证物料充足。

很多公司都有提案改善或者合理化建议这样的机制，但是实施起来就感觉是一阵风吹过，确实有一些很好的提案，公司也给予了奖励，但是渐渐地就没有人提了，至于提出的改善方法慢慢地就不用了。

提案只是一个种子，它要在企业中生根发芽，需要的不仅仅是土壤，还有水与空气。

提案产生了价值，这种价值要被企业固化下来，就必须强制使其成为企业标准的一部分，如此人们才会按照提案的方法作业，这样提案的生态循环圈才能建立起来。

一个机制好不好，要看它背后的逻辑是不是能促成"双赢"的结果，如果仅仅是提了方案就奖励，没有做进一步的标准化和导入，这种种子即便满天飞对企业来说也没有太大的意义。

物控专员在履行物料使用控制职能的过程中，一定会发现问题。

大部分企业别说没有物控专员，就连仓库都是敞开大门，大家可以随意进出，更别提去做材料使用分析和结案了，所以根本就发现不了问题在哪里。

一个无法被发现的问题就如一个漏水的隐形漏洞，水缸里的水是越来越少，领导也很焦虑，动不动就开会进行批评和自我批评，但是问题无法从根本上解决，反正水是越来越少了。

当我们的物料缺乏管控的时候，应该按照我们书中的逻辑从源头上协同计划，一步一步织起一张密不透风的物料管控网，这种管控从短期来说可能看不到明显的效果，但是假以时日，财务报表会告诉你答案。

物控专员在发现问题后会进行原因分析，然后发起一个追责行动，不管是品质问题导致物料用量大了，还是加工浪费太严重导致超量，都会按单追究责任，这时还得和公司的绩效或者计件工作模式进行呼应，HRM系统是生成工资的，那么追责事项一定要明明白白地体现出来，这样大家对制度才会有敬畏心。

一个好的公司首先应该是一个相对公平公正的公司，我为公司做出了贡献就应该得到我该得的部分，反之，如果我做了错的事情就应该承担后果，而不是一个大锅里，有饭大家一起将就着吃，好大家就一起好，不好大家也一起不好。

HRM绩效系统存在的价值就是帮助企业建立公平公正的考评系统，通过激励使个人完成工作、达成组织的目标，这才是这个系统最大的价值。

最后，物控专员通过跟踪历史数据的变化为企业产品成本部分提供精确的物料数据，支撑公司成本管理工作。

◇ 呆滞料及欠料问题的应对

关于物料生产中的呆滞料，只要现场5S（整理、整顿、清扫、清洁、素养）有严格的管理要求，呆滞料就会跟随退料程序重新回到仓库里。

很多人对5S有一些误解，说它是表面工程，是为了应付参观的，其实它是一种很好的效率工具。比如，要拿什么东西一下子就找到了，然后生产现场清清爽爽的，物料领回来没地方放就得退回仓库去，其他人就可以继续领用，也就帮企业节省了资金。

每一个工具单独来看，可能不知道它的存在有什么意义，但是结合生产场景去看这个工具的时候，每一个都是不可或缺的存在。

任何时候都不要为了获得工具而导入工具，也不要为了获得系统而导入系统，要一遍遍地提醒自己，企业的目标是什么？该怎样达成？如此我们才能获得使用工具的意义。

当物料重新回到仓库中的时候就会进入仓库的物料管理流程，一般对于超过6个月、未达到12个月未领用的料我们称作"呆料"，而滞料一般是指超过12个月未使用的物料。

如果呆滞料放进仓库就没人管了，那么仓库就会越来越小，所以物控专员需要每个月查看仓库盘点提报的呆滞料清单，然后分析物料呆滞原因，并主导规范流程，包括协同研发进行设计变更和工程变更的流程优化，同时回归奖惩机制，将流程中的责任进行定义，放到公司的相关考核项目里进行追踪。

物控专员还需要针对每个月的清单制订呆滞料的处理计划，将其分解成具体的任务和行动计划慢慢减少呆滞料。

对于呆滞物料，就是"两条腿"走路。

"一条腿"通过规范使用和追责降低呆滞料的产生量，"一条腿"通过制订计划消耗已有的呆滞料，这样问题才能在日日的监督和管理之下慢慢减少。

说完了呆滞料就要说一下"能最少提高20%效率"的欠料问题了。

如何管控欠料？欠料按照发生的阶段可以分为七种：第一种是物料需求计划产生的欠料（事前），第二种是仓库收货后产生的欠料（事后），第三种是物控专员在备产线物料时发现欠料，第四种是仓库真实备料时发现欠料，第五种是车间领料后发现欠料，第六种是生产过程中发现欠料，第七种是特殊情况引起的欠料。

欠料的种类有哪些？

欠料按照发生的阶段可以分为七种：
第一种是物料需求计划产生的欠料（事前）
第二种是仓库收货后产生的欠料（事后）
第三种是物控专员在备产线物料时发现欠料
第四种是仓库真实备料时发现欠料
第五种是车间领料后发现欠料
第六种是生产过程中发现欠料
第七种是特殊情况引起的欠料

第一种欠料是产线上需要它，但还没买回来，我们称之为"正常欠料"。管控这种欠料的方式就是按正常交期，定时定点在采购周期表中进行提报，然后去跟踪采购交期。这个阶段关注的重点在采购跟催的力度，你是怎么催料的决定能不能在事前把欠料问题解决掉。

解决事前欠料问题，就是把几个时间表优先制定出来。交付计划下是生产计划，生产计划下是物料计划，物料计划下是采购计划，而每个计划的核心都是"需要多少时间"。我们需要把所有的时间明确后放到系统里，以防出现时间到了物料还没来的局面。

第二种事后欠料是仓库收货后产生的欠料。这种情况就需要物控专员根据物料交期比对收货信息，日期是今天到，今天也到了，但是买了100个，实际到了50个，这种情况是需要物控专员时刻监控的。一旦发现欠料立即要求采购人员回复欠料原因及交期，并同步要求采购人员追踪供应商再次到货的时间；如果有系统的话就把催货信息传送到采购人员的计算机上，只要没到货，就会一直弹出催货信息，直到采购人员负责追踪到货。

事后欠料的核心是,将到货数量和时间与之前的计划比对,如果在这个过程中没有进行控制,或者没有人知道,那么就会把欠料问题带到产线上。

第三种是物控专员在备产线物料时发现欠料。物控在仓库备料之前是需要有一个账面配套的,这个作业是在仓库发料之前进行。仓库发料之前具体几个工作日,企业可以根据自己的物料采购周期来定。这个账面配套未来可以在系统中作业,就是通过排查工单与库存信息得出欠料清单。

当发现确实有欠料时,先别管之前的问题是什么,而要将此类欠料立即列入当日的物料需求计划,确保在车间上线前到料。当然,系统也可以像催采购人员一样生成提示窗口,并一直弹出,催促相关人员完成作业,所以要预留足够的时间让线下作业把这个物料买回来;但是对于上线前仍不能齐套的工单,物控专员就需要通知生产管理人员不安排上线,同时不备料。该阶段的重点是,在一个适当的时间点由物控专员通过排查发现欠料或者系统计算欠料。

第四种是仓库真实备料时发现欠料。在实际备料的过程中物控专员需要定时检查仓库实物备料情况,和很多公司一上班就浪费两个小时排队领料的情况不同,第二天、第三天使用的物料是要求仓库提前备好的,大家都是提前按照计划来领用生产物料,基本上都是来了就拿走或者仓库物流部门送料上门,核心就是不耽误正常作业。

仓库如果发现欠料了,需要制作欠料明细表,同时将此类欠料列入当日采购计划,以确保在车间上线前到料。一般来说,到用时才发现物料不准确的情况一般是由于BOM不准确、仓库信息不准确、收货信息不准确等造成的,物控专员需要进一步明确这些问题并按照之前的方式从根本上进行改善。

第五种是车间领料后发现欠料,就需要物控专员每天去现场查验,把车间提报的欠料明细表和仓库的欠料信息进行核对。此类欠料应立即列入当日采购计划，以确保各车间上线前到料，如已影响生产，应立即与采购部门沟通，以采购紧急物料的方式处理。这部分的重点在于物控与车间对接信息的准确性。

只要存在现场，人就需要去现场查验，物控专员不能有系统了就坐在计算机前面"指点江山"，而是要深入现场去发现问题和解决问题，最终通过系统呈现问题解决的路径并跟踪效果，这也是系统无法完全代替人工的原因。这个物料找不到了，是领用了吗？在现场吗？是被不熟悉的员工误用了吗？各种情况都需要一一核实。

第六种是生产过程中发现欠料。物控需要分清是正常欠料、来料不良还是由制造损坏引起的欠料，并追究责任。有安全库存则动用安全库存，无安全库存的立即列入采购计划，进行紧急物料采购，因为已经进入装配环节要谨慎评估换线的代价并做出决策。

第七种是特殊情况引起的欠料。比如，研发或者其他部门的人员领料，用于实验等。首先仓库不可以接受口头领料，研发人员也需要填写正式单据，而且需要物控专员确认签字后仓库才能发料。对于物料管理中的所有事情，物控专员都有最高控制权，以保证物料能够正常投入产线。

从上述解析中可以看到，欠料问题的发生其实是非常有层次感的，很多企业在发生欠料的时候会直接停线，或者换线并开会批评追责，但是最后发生在生产阶段的欠料其实是因为之前的几个层次都没有做好控制。

我们用这么多的篇幅去讲物控，除了生产经营本身的三个要素以外，设备、物料中的物料管理是最复杂的，也是想用这种方式去呈现问题发生过程中的层次。

这就犹如生病一样，处在不同阶段的疾病的治疗方式是完全不同的，在前面每一步可能有问题的地方都要设置相应的规则去规避，并解决问题。

很多系统的设置也是基于这种缜密的管理思路，所以有时候我们会无法理解为什么系统里的设置会这么烦琐，或者说我们根本没有物控专员来做这些事情，但是在系统的设置里必须有这些要素，那么这个冲突点就会成为决定未来能否使用系统的关键。

由此我们才提出一个把流程画出来的要求,就是要求系统提供方和我们的管理人员共同绘制出系统背后的管理逻辑。我们去看这些控制点,就犹如在物料管理的巨幅画作里去"扒"这一层层的管理逻辑。当我们能看懂管理逻辑并理解其形成的根本原因的时候,我们才有可能与系统形成一种良性的互相支撑的关系,而非各走各的路,互相消耗彼此的信任和时间。

5. 企业运营和信息化系统的"大脑"——计划管理

木牛流马因为没有申请专利保护,有两家竞争企业买回去两台后对其做了拆解,然后让技术人员一比一复刻制作,这样一来市场上卖木牛流马的企业就不是只有一家了,市场竞争越来越激烈了。

总经理找到销售总监,说:"你今天能不能做到200台的业绩?"

销售总监看着总经理的眼睛,坚定地说:"您等着吧,一定行!"

总经理听了以后,大为满意,然后就放心地飞去三亚度假了,半年时间过去了,当他度假回来查看销售业绩的时候,结果只卖了2台!总经理大为火光,找到销售总监准备发作的时候,对方拿出一份辞职报告,引咎辞职。

这个篇章,我们就来说说关于计划的故事。

前面所讲的流程梳理是每个系统都要做的工作,而仓库管理是WMS和ERP上线前后需要完善的,物料管理则关乎WMS、ERP和MES中关于成本的控制,本章我们要讲的计划是关于企业运营的核心方法论,也是信息化的"大脑"所在。

149

如果说卖200台木牛流马是我们的目标，计划就是实现这个目标的支持系统，是我们通过企业的组织合理分配和运用资源，最终达成200台木牛流马销售目标的方法保证。

数字化转型的核心是帮助企业达成目标，而目标的达成不能像"托孤"一样把希望放在公司的某一个人、某几个人、某些部门上，而是要让企业通过数字化的加持具备"自更新能力和自达成能力"，只要有这套体系在企业里撑着，企业就能朝着自身的战略目标前进。

企业规模还小的时候，企业的领导者就是企业发展最大的动力来源，他完全是凭借着自己的个人能力在支撑着企业的运作，就像一头兢兢业业不知疲惫的"牛"，只管将企业往前拉。

企业规模一旦做大，"牛"还是那头"牛"，但他随着年龄的增加没有了当初的力气，而他拉的"车"越来越大，仅靠着一个人的智慧，无法带着企业在竞争日益激烈的市场中继续取胜。

所以，我们才需要有一套科学高效的管理系统，同样是在"拉车"，但是可以由原来的"人力拉车"转变为"动力车组"；而动力车组帮助

企业朝着同一个方向走的前提有两个：一是企业的目标深入人心，二是他们可以协同配合，而企业员工协同配合达成目标的过程就是计划本身。

计划这种工具可以将目标转为日程表，然后由日程表生成阶段行动计划，可以让管理者关注实际行动，项目进行过程中该出手时就出手，去辅佐目标的实现。

所以，接下来，我们就来具体看一下计划和系统之间的关联。

（1）各系统的大目标设定和计划生成

以动车为例，动车是每节车厢都有动力，如果方向一致，那么高铁肯定能高速往前跑，但是如果你往前我往后，这个车能不能动可就存疑了。

企业运营状态一般有三种目标，分别是常规目标、优化改善目标和战略目标。

常规目标承载公司的常规运营，比如木牛流马制造公司的盈亏平衡点是100台，那么公司的常规目标可能就是结合这100台木牛流马的销售的所有日常工作的配合和资源配置，我们的各种系统互相配合就是为了达成这个目标。

优化改善目标是因为市场的需要，要做新能源木牛流马的开始，并且要努力完成20台新木牛流马产品的销售。

战略目标是除了原来的木牛流马研发生产，还要做"解决方案"供应商，把公司由原来做产品扩展为提供行业"解决方案"，因为反正竞争对手越来越多，市场那么大，打不过就不如加入，在合适的时候入场也能分得一杯羹。

说到这点，还是要多唠叨几句，这几年，有越来越多在数字化转型过程中通过多年打磨和升级的行业优秀公司，在完成了企业自身的数字化转型后，开始作为第三方为行业提供数字化的方案。

最早走这条路的是我们前文讲过的IBM，它由纯硬件服务商转型为咨询服务商，这种做法不仅为企业增加了新的利润增长点，也为整个行业的发展做出了非常大的贡献。

因为系统的架构涉及工艺的部分是有很强的"行业属性"的，一个完全没有行业经验的信息化公司很难承载相关架构的搭建。

所以，早入局，也是一种先机。

不管是战略目标，还是优化改善目标或者常规目标，都需要在系统中进行承载，去监控执行，就比如听了年底能销售200台木牛流马而安心去度假的总经理，如果他在系统里明确看到了各种行动路线和结果，也不至于最后失去半年的机会后才追悔莫及。

说到大系统的目标设定，我们可以理解为公司那个大的目标就是系统的大目标，就是我们常说的那个"我有一个梦想"。

公司的梦想就是系统的大目标，一般来说就是订单目标、利润目标及回款目标，因为公司首先要实现"活"下去的目标，公司要以盈利作为第一要务。

然后我们需要依照这些目标对任务进行分解，就是要达到这些目标要制定哪些可行且必需的计划。

有的公司在年底会要求各个部门进行未来一年的目标设定，但是因为公司没有把公司的大目标定下来，大家就开始进入发散式思维和创造思维交叉的体系中。

比如：有的人力资源模块为了提升人力资源效率，会控制员工数量，如减少总人数的5%；研发部经理明年要做一个新品的研发，这个新品在未来可能会给企业带来很高的市场价值，所以需要新增一些研发人员；市场部经理说明年要做专项市场的开发，因而也需要新增人力。

大家各说各的话，各自做着看起来很有必要的部门规划，和其他部门保持着若即若离的联系，美其名曰保持一定的"部门壁垒"，然而到了年底，批评的批评，检讨的检讨，又开始了新一轮的"计划"。

这种做法是非常低效的，且它带来了极大的资源损耗，当我们的部门工作七零八落的时候，就像一支看起来整装待发但是由听障人士组成的队伍，大家是穿着一样的衣服，远远看去确实是一支队伍，但是其实他们都听不到统一的号令，甚至可能根本就没有号令。

在这种经营状态下，各种支持系统也会呈现出和本体一样的状态，就是都按照自己的来，如此一来公司的运营必然非常低效。

所以第一步就是要解决总目标的问题，不论是常规目标还是优化改善目标或者战略目标，都必须先明确下来，让它深入人心。

接着，围绕这个目标，做一个资源配置的展开。

即便是登山，登5000米的山和登2500米的山所需要的装备是完全不一样的，包括登山携带的食品、水还有所穿的衣服，以及登山需要的资金都是不一样的。

如果我们的目标是登上5000米高的那座山，但只给了攀登2500米高的山的资源，那这座山不仅登不上去还可能会带来安全隐患。

这里为什么要讲登山的问题？是因为很多公司在设定目标的时候会错把目标设定成愿望，我们对于目标的态度是"使命必达"，而在对待愿望的时候就会变成"我有一个美好的愿望"。

所以，只"让马儿跑，不让马吃草"或者不让"马儿"吃足够的"草"，"马儿"跑到哪里算哪里，这样的企业是没有目标的。

我们为什么要强调目标资源配置？因为要根据企业目标来看系统配置。

有了这个目标，我们在看到自己常规的操作浪费太多、效率太低，且无法达成目标的时候，就会提出系统具体的需求，然后延伸出相关的预算等资源需求，这样系统对于企业来说才有了用处，它不是凭空就要投资的，而是和我们的目标分解下的一个指标息息相关，为了达成总目标，才有了对系统的需求，也才有了系统存在的理由。

同理，从目标往下，一定会延伸出非常多的资源需求，如此一来企业的管理者就需要在目标和需求之间做一个取舍和判断，哪些目标要想达成一定要上系统？是需要用到全部模块吗？不上系统也可以吗？

通过梳理与反思，来决定到底要上哪些系统和模块。

接着，就是如何通过缜密的计划，一步步完成预定的目标。不论是通过我们的时间表管理，还是找到制约项目的关键因素，将这些转化为一个个小的项目，指派相关的人对这些计划直接负责，并且和他的绩效直接挂钩。

总之，就是使用一切可以使用的方法，让系统由选择到执行再到落地，从而去支撑公司总目标的实现。

（2）系统中合理运用闭环思维落地绩效

我们前文讲过的HRM系统（有的公司用的是OA）中的一个核心功

能就是进行项目管理和绩效管理。

项目管理，管理什么项目？当然是管理公司总目标延伸分解出来的小项目，用小项目的达成去保证公司大目标的完成；同时，也就延伸出了绩效管理，达成了这些小目标，相关人员就会获得相应的绩效。

这就是HRM系统关于绩效的核心作用。

所以，如果我们分不清什么该管什么不该管，绩效应该怎么制定，上这套系统就没有太大意义；反之，如果能在公司的大目标和计划与行动之间搭建成闭环结构，这个系统的功能可就太有必要了。

所以在系统里呈现的一个重要的关于绩效落地的闭环思维是这样的。

首先公司有一个战略目标，由这个战略目标分解出本年度的经营计划，目标只有变成计划才能达成，接着组织中层和高层的管理者进行问题和机会分析。

好的管理模式是组织和领导者（一把手）相互赋能，不好的管理模式就是"一言堂"，领导者"拍脑袋"决定一切。

经过审慎的分析进行项目立项，同步对这个项目的资源需求（花多少钱，需要多少人力等）进行估算，在资源企业可承受的情况下，进一步在系统里完成项目分解，包括可以在系统里定义执行的时间计划、项目管理团队的监控计划，以及风险评估和相应对策。

同步定义生成项目执行过程中管理者和执行者的绩效，并通过系统中对项目时间和完成度的定义进行绩效评估，并全程监控。至此，项目闭环就完成了。

这套管理逻辑也叫作"方针解码"，所以，项目管理系统需要与方针管理匹配，如果你的公司规模很小，那些系统现阶段对你来说都不适用，我建议你可以先用方针解码的管理方式逐步将公司的基础管理水平提上来。

我们可以由上到下，在公司战略、产品的品类及品牌建设等方面围绕公司的目标，建立方针管理的模式；然后以市场为导向，静下心来对自己的产品进行市场分析，并找到问题，建立高效解决方法；最后汇集需要的资源，将其转为公司市场、销售、技术、生产等部门具体的计划和执行。

对于一个初创企业或者小规模企业来说，经常面对的不利境遇就是钱少事多，所以提高管理的效率和精度并找准方向是非常重要的，管理框架和思维的重要性是排在系统之前的。

没有系统逻辑思维，用任何的工具系统都是枉然，也是一种浪费。

木牛流马一年一度的下年度项目立项工作在10月份的时候正式展开了，任何公司经营的核心都是客户，所以总经理在9月份的时候就提出了一个企业的总目标给各部门经理，他说："我们的木牛流马从市面上独一份，到现在'百花齐放'，竞争环境是越来越激烈了，原来东吴只能买我们的产品，现在东吴各国都有了自己的木牛流马生产厂家，我们得变！我就给大家提一个要求，就是我们的产品得满足客户的要求，因为只有满足客户的要求，咱们才有客户！"

总经理说完，高层管理人员齐刷刷看向了市场总监司马，司马站起来气定神闲地说道："之前两个月我们已经安排了专员进行客户需求调研，现在这个调研报告我已经提交给销售部和研发部，分别由他们进行产品销售渠道策略和新产品研发策略的制定。"

总经理略微抬起头说："我们的总目标是营业收入必须上升15个百分点，利润率增加5个百分点。"

此时，企业的盈利目标已经在总经理心中显现了出来。

大会结束后，各部门的高层管理者开始行动起来，其实核心就是根据总经理提出的总目标及市场部提交的调研报告对销售和研发的策略进行细分和拆解。

现在总目标已经有了，研发部提出了研发速度提升10%的木牛流马产品的目标，因为作为一个运输工具，客户最关注的就是产品的运载效率，据市场部调研报告显示，在速度提升10%且售价不高于之前产品的

8%的情况下，结合销售部的渠道扩展策略，潜在客户订单额增加的量和之前固定客户的订单量就可以给公司带来16%的营业收入增加。

生产部和财务部开始进行资源需求计算，比如需要增加哪些新的设备，需要供应商在哪些地方做出升级，需要增加多少销售费用，需要增加多少人力，等等，然后进行资源立项。

接着，我们的人力资源部门、行政部门根据资源立项的结果进一步将计划分解成更小的项目，直至可以考评。

这样就生成了一个年度经营计划。这个年度经营计划既包括我们要赚的钱，也包括因为要赚这些钱而需要花哪些钱。总经理将这个年度经营计划拿到手里的时候，心里也就有了底，于是在这个经营计划上大笔一挥，同意按此执行！

然后，项目管理系统就开始按立项项目运行，公司定期结合系统中的项目进度进行检讨。

公司对于计划的不同定义就决定了不同的执行结果，同样是在系统里管项目管进度，有的公司各个部门把公司管割裂了，最后甚至管破产了，而有的公司管项目进度最终使公司上市了，其实核心就在于我们的行动是否都是为实现同一个目标而努力的，如果部门之间没有形成很好的内部协作，就是在浪费资源，就是白下功夫。

所有的管理动作和系统，核心都应是为了实现公司的总目标，公司各部门之间虽然是平级的，但是也需要建立"内部客户"的意识，当销售目标、研发目标定下来后，销售部和研发部就是公司的内部客户，所有的资源和动作都要为它们目标的达成而努力，因为只有它们的策略成功，公司才有销售收入和利润增加的成功。

当然，计划的执行不可能一帆风顺，如果这个时候总经理又去度假了，结果可能比设立了目标他就走要好很多，但这并不意味着我们的计划就一定能够获得成功。

有一句老话叫作："计划赶不上变化"，做计划的时候很多东西我们可能没想到，所以在执行计划的过程中不可避免地会遇到很多困难，那么仅仅依托系统的跟进和管控就远远不够了。

在关键的时候，总经理和高层管理者团队还需要在执行过程中就遇到的问题不定期进行思考并达成共识，然后将其分解为更多的补充性计划和项目，以减少突发事件的发生，并规避经营过程中可能遇到的风险，这些补充管理动作可以使绩效结果更加可控制和可预测，也可以提高工作效能，减少资源浪费。

这里做一个小的总结，那些经营失败的公司在运行计划的过程中大多缺少弹性，项目管理者认为只要是写到"红头文件"里或者"输到系统"里的计划就必须完成，而没有考虑实际的不可控因素，比如考虑人员、资源和时间等方面的条件，所制定的计划和规划根本不符合实际；或者是公司没有一套处理各种突发状况的指南办法，一说到制订计划就只关注时间，不管包括资金或者资源等在内的其他要素，也不注重可操作性，参与行动的人根本不了解对他而言什么事情是重要的，这个计划没有明确对下属的工作提出相应的标准和期望，没有和员工的绩效挂钩，无法彰显公司的公平公正性；又或者某个部门在制订自己的计划时强行把其他部门加进来，其他部门根本不了解执行这件事有什么意义，一方面出于面子勉强配合，另一方面却因为这种和公司核心利益不相关的、没有价值的事情浪费公司的资源。这些都是导致项目失败的原因。

（3）MES中生产计划落地前的准备

说完了公司的总体计划，木牛流马公司的目标已经经由一层层分解和资源配置进行了项目立项。

生产总监为了提高生产效率，准备引进第三方导入MES系统，之前仓储管理、物料管理内部已经自行优化了很多管理细节，在生产总监认为已经可以上系统的时候，还是发现了一些亟须补充的细节。

这是因为MES的"灵魂"就是计划。

生产总监在经历过公司的立项环节后，再来看自己的计划，就发现了一个极大的问题，那就是计划不是你想计划就能计划的，要看资源够不够支撑你完成这个计划。

一个公司的综合生产计划要综合考虑自己的生产能力，还要考虑供应商状况、市场需求、资金及人力资源计划等。因为不可能木牛流马的所有部分都是定制的，总有一些相对标准的部件属于备库生产。

对于任何一个企业来说，都有淡旺季的区别，那么公司的计划就要根据需求或者预测去平衡，以防止旺季生产不过来，淡季没有订单可生产。

所以，具备了以上条件才能去完成一个主生产计划的制订，而这个过程是在MES之外完成的。

对于有的公司来说，有了销售订单，到ERP里"跑"一下，再将物料需求计划评估匹配一下就可以生成生产计划，有的公司则需要在系统外完成这项评估工作。

主生产计划确定以后，可以在MES里依据主生产计划制订分计划，各领导依据分解后的部门、班组计划思考工作任务的达成路径。

到这个阶段，MES里有了矫正过的主计划，也有了分计划，那计划这个模块是不是就搞定了呢？

B组组长拿着分解好的计划来找公司的计划专员，他气鼓鼓地和总监说:"为什么一天给我安排生产200个这款产品?"

计划专员说:"你和A组都是8个人,按照标准工时,A组和你们组都是一天生产200个产品,有什么问题吗?"

B组组长说:"200个? A组都是老员工,别说200个,就是300个你以为他们做不出来吗?我们组都是新员工,每天生产100个都费劲,你竟然给我安排200个,是诚心让公司扣我绩效,是吧?"

这里就涉及一个标准工时的制定,标准工时并非一个简单的时间的设定,虽然我们看到系统在定义标准工时的时候就是一个简单的输入框,我们把标准工时输进去就可以,但事实上,这个标准工时的背后涉及如何做和用多少时间可以做出来的复杂问题。

大家常听到的一句话是"先做标准化,再推信息化"。

这句话放在这里就可以这样理解："不是你规定了我做200个我就能做出来的，当公司标准化做得不好的情况下，我除了给你一个达不成目标的结果以外，什么都没办法给你。"

我们来拆解一下标准工时的内核，总的来说标准工时包括人工时间和设备时间。

人工时间包括准备时间、更换工件的时间，以及测量、清理的时间，还有更换工具的时间，等等。

设备时间（或者加工时间）＝人工时间＋设备时间－重叠时间

怎么理解重叠时间？当一个人同时操作多台机具的时候，他的准备时间就不能计多次。

标准工时的设定不是随意进行的，一般来说，在系统输入标准工时前，需要专业的IE（工业工程）人员用专业的方法进行测定。一般来说，都是适用作业观察法加一定的宽放量；而关于标准工时的定义，是指在正常条件下，受过训练的熟练作业者使用规定的作业方法和工具，完成一定的质和量的工作。

很明显，B组组长的申诉是有道理的，因为系统里设定的标准工时是怎么来的非常关键，当这个标准工时被定义出来的时候，理论上就应该有相应的作业方法和工具，以及给予充分的训练时间。

B组组长问："我们的标准在哪里？我们怎么做才能确保完成？"

系统分解计划的逻辑比较简单，它只要一个数字，但是数字背后的管理工作没有做的话，就会带来很多问题。

企业要先回答一个问题：企业的标准化做了吗？不仅限于操作的工时标准化，而是企业运营的方方面面。

如果做好了标准化，下一个问题就来了：有工时就够了吗？

B组刚刚通过标准化还有新员工培训达到了标准工时的要求，一个月后，他又气鼓鼓地来找计划专员。

他说："你说都排200个，公司是计件的，为什么A组能排400个，这不是影响我们的工资吗？"

"A组排400个是因为公司要求每天产出600个，你们按照标准工时生产200个，剩下的400个排给A组，人家能生产出来我还庆幸能解决了一个大问题呢，人家有本事啊！"

按照标准工时这些人每天只能生产200个产品，但是为什么A组可以多生产一倍数量的产品呢？

这完全得益于效率提升手段。

一个公司完全按照标准工时排产、生产，系统固化以后就更难突破了，一说上产能的时候生产部首先会说人不够，但事实上确实是人不够吗？其实是效率不够。

生产总监和A组组长及IE工程师为了达成公司的产量提升目标，对工时进行了反复探讨。

实际工时=基本操作+设计损失+工艺方法损失+管理损失

所以，标准工时并不是完全"标准"的，需要定期进行检验，同步进行操作方法的更新。

这也是我们在系统推进过程中需要持续精进的一个要点，就是如何通过系统和管理手段的双向加持提高生产效率。

在未完全达到同样的管理水平和效率水平的情况下，分计划不是完全按照标准工时制订的，可能要根据班组特长、员工的综合能力进行分配，然后根据效率水平制定各组和各人的生产目标。

一个好的班组长要想去控制生产计划的达成，需要从小到大去分层管控，不要想着早晨给大家做宣传引导了，下班就能拿到结果。

日目标还要分解为上午、下午及晚上三个分目标。班组长最重要的工作就是按小时去调整工序平衡，如果有的工序做得快了，那这些人就要调整到慢的工序上。

对于一个产线来说，识别短的那块木板更加重要，整个产线要看"瓶颈"在哪个工段，整个工段要看"瓶颈"在哪个工站，这也是我们在系统里排计划和管控的重点。

通过系统配置的实时电子看板不仅可以看到目标产量，也可以看到实时实际产量，系统给予我们的是做决策和管理动作的依据，目标达不成的时候，系统做不出产品；产品质量不好的时候，系统也修复不了。

生产也要和前面的物料管理、仓储管理做一个系统联动，不能开机了才发现没有当天生产所需要的物料，不能在仓库门口排队两个小时以领取生产必需品，仓库或者物流部门的内部客户就是生产部门，那么公司内部采用怎样的机制让公司"粮草"不仅充足且能在需要的时间到位，就决定着生产目标能否达成，交付能否及时，以及最后的总目标能否实现。

这才完成了一个大的管理闭环。

6.SRM之外，回到供应商管理的本质

之前我们讲过什么样的企业需要SRM，首先大家要自行判断一下自己的企业是否需要。

如果真的需要，在上SRM之前，要先解决一个关于供应商管理本质的问题，管控供应商的本质是为了它能更好，能配得上企业的发展。

如果说系统是一支"大棒"的话，这支"大棒"能起到的作用总归还是非常有限的。

如果这个供应商本身四肢俱全，"大棒"一挥，他能跑得更快自然是好的；但是如果他本来就是残缺之身，"大棒"还没举起来，这边它就倒下了，又间接影响了公司的运营那就得不偿失了。

有人会说："不可靠的供应商就换掉吧！"

这句话似乎也没错，但是如果我们企业自身的规模有限，话语权也有限或者我们的供应商本身也处在一个相对受限的位置，限于地域等因素不能说换就换的时候，就无法仅靠一套系统达成目标了。

这个时候就需要企业有广阔的胸襟和更科学的培养方法，为了供应商，更是为了自己。

在我们历经艰难的企业发展过程中，不断用各种手段去提升管理水平、解决内部矛盾和问题，却常常忽略我们的"手足"供应商，在我们企业蓬勃发展的时候，没有同步发展起来的供应商反而会成为企业发展的"瓶颈"。

这个问题经常被大部分企业管理者忽略，谁会在意一个"乙方"呢？但很多时候就是被忽略的"乙方"限制了企业的发展甚至成为企业发展的"绊脚石"。

先问一个问题，请问你的企业有走访供应商的习惯吗？

有人说，只要能按时交货，产品品质又可以，企业就没有必要去关注它。

有人说，定期的检查还是要的，我们要考评供应商，总要看看他们的能力够不够吧？

那请问，你有没有像拜访客户一样去走访供应商？

大家可能会说："那怎么可能？"

在完全成熟的商业竞争中，其实并没有完全意义的甲乙双方和强弱关系，在今天，企业和供应商之间更多的是一种协同发展的共生关系，当我们日日为订单焦灼苦苦寻找甲方的时候，是否也可以看看那个每天为自己服务的乙方，也许它们能帮我们节省一些成本，或者成为我们的甲方或者成为我们找到新甲方的"桥梁"。

一切皆有可能。

所以，卓越的企业会把自己的供应商当成自己的本体来打造，一方面通过第三方咨询公司去辅导供应商，另一方面通过自身的体系去培养供应商。

这种完全将供应商当成"自己人"的管理模式，使供应商的成长成为企业成长的助力，最终促使供应商和企业之间形成一种互惠互利的共生关系。

这种培养和控制"自己人"的供应商管理手段，是对SRM的有效补充和支撑。

如果用去医院看病做比方的话，只上SRM类似物理治疗的方式，在患者没有发生器质性病变的时候通过物理治疗就可以痊愈，但是对于先天不足的供应商，建构公司的培养管控体系就是实打实的"手术""药物"。

当管理的本质没有改变、人没有改变的时候，工具能起到的作用当然是极其有限的。

话说木牛流马制造公司最近遇到了一个大难题，最近由于大家审美水平的整体提升，大家对定制产品的要求越来越高，就以车头为例，基本上一单一个样，即便是一下购买三五台的小批量订单，车头也要求按照它们使用的习惯给予编号。

因为车头的加工方式是机器开模加手工定制，供应商分散，且每个客户的要求都不一样，对于手工要求的部分加工要素多，但是数量少、批量小，就导致了给厂里提供服务的企业规模参差不齐，当然，品质管理的水平差异也非常大。

对于个别的给牛头的眼睛加睫毛这种需求目前只有一家供应商可以做，所以，即便加的睫毛偶尔疏密度达不到预期，该企业也不太敢提太高的要求，唯恐这个"独家供应商"甩手不干。

生产总监将内部生产管理得井井有条，但是对供应商造成的各种品质异常、物料延期等问题，一点儿办法也没有。

他把品质总监和采购总监拉到会议室，决定今天一定要把这个事情给解决掉。

生产总监说："大家都知道，我们公司内部做改善管理已经3年多了，我作为一个生产总监，自认为公司内部的管理已经做到了一个相对完善的阶段，下个阶段，也就是供应商管理这个事儿，除了咱们用系统去评估、去管理之外，我觉得还能再进一步，今天，两位老总也在，困难咱们一律不提，就说解决方案。"

（1）品质标准统一的几个关键举措

"第一个问题，我想问下关于这个车架平整度，为什么供应商这边的不良率有20%这么高？"生产总监首先发问。

品质总监说："我可是安排严格按照咱们内部的品质要求文件检查的，绝对没有过严检查。"

采购总监说："那就奇怪了，人家说出厂前检查得好好的，还附了检验报告，为什么一到咱这边就出问题？"

"大家等等啊，我们倒一倒，这个车架平整度是今年公司通过ISO 9001质量体系认证以后咱们更新的检测标准和检测工具，也是在这之后咱们公司出现了这种不良率增加的情况，很多供应商因此也很委屈，咱们哪个环节有疏漏？"

"对，咱们新的品质标准是采购员做到新的订单中的，有的要求也口头沟通过了，估计是有的供应商没注意，关于咱们公司换检测工具这个事儿，我作为采购总监也是不清楚的。"

"好，第一个事情可以解决了，关于车架平整度和未来咱们木牛流马所有外协供应商涉及的品质标准，全部更新为最新版发放给供应商，要求双方签字确认，不能直接下订单顺便标注一下，怎么进行检验、用什么工具检验也要同步制作成SOP（标准作业程序）文件，这个文件和品质标准同步交付，后续只要有更新，品质部就传给采购部交供应商。"

"未来这么做就可以避免双方采购标准不一致，咱们有活没料干不了，供应商要返工浪费时间。"采购总监补充道。

（2）供应商绩效管理（品质部分）的设计

"第二个问题是关于品质和供应商的绩效管理部分该怎样设计的问题，咱们系统有这个功能，但是这些规则还没定下来，所以SRM系统现在用得并不是很好。"生产总监接着说道。

采购总监抬起头说："我觉得应该有个大原则，这个大原则就两点：一点是配额就是我给你多少订单，另一点是货款周期决定着我什么时候给你钱，这两点是所有供应商最关心的。"

"对，我们将品质标准及测量方法与工具都给了供应商，那么所有的供应商就是站在同一个起跑线上，起码颗粒度是对齐的，可以每月进行供应商的品质排名，这个排名必须让供应商的总经理知道，最好让他们签字回传、盖章，我们规定排名靠后的延迟货款给付，并且定义排多少名延迟多少天付款，让他们签字也是告知他们延迟付款的惩罚措施，不要等到不给钱的时候来公司要。"

"有品质问题的供应商，要在系统里提交品质改善报告，当然面对那些排名一直靠后,且死活不愿意改善的供应商,也要了解'强扭的瓜不甜',大家该'分手'就'分手',该淘汰就淘汰。"

"还有就是对于给公司造成非常大影响的供应商,不是写个报告就可以,而是要计算给我们公司内部造成的损失,比如费了多少工时,影响了交货,造成产品报废,等等,并追偿损失金额,在后续的货款给付中,不仅要延长货款周期,也要直接进行损失扣除。"

"有一些问题确实是因为咱们公司内部的问题造成的,比如人家已经开始加工了,或者都快加工完了,咱们换图纸了。对于咱们变更产品要求这种情况,肯定也是要供应商在系统里进行提交的,这是因为我们内部管理问题造成的品质不良或交期延误,咱们内部改善,去找相关的部门进行问题分析和管理优化。这些帮助我们改进内部管理的供应商,在评分系统里一定要加分,对人家的配额和货款周期要有所倾斜。"

"当然,针对睫毛这种个别关键部件的供应商,初期可以采用先维系感情再切入辅导的手段,动之以情,晓之以理,毕竟企业短期内也找不到替换的供应商,只能慢慢影响、慢慢提升现有供应商。"

"所以,关于咱们系统的设计,里面应该有产品品质问题全生命周期的管理,包含分析发生问题、流出原因,制定临时对策、长期对策,要有具体的动作,列出责任人、监督人、完成时间,验证结果并记录,改善奖惩措施,总的来说就是PDCA循环管理这个大循环得齐活。"生产总监总结道。

(3) 像对待"自己人"一样对待供应商

"上面这些方法都用了,我们还能做点什么呢?"生产总监说道。

"我觉得应该让咱们去供应商那里上上班,把我们会的毫无保留地教给供应商,下一阶段就好谈价格了。"采购总监微笑着在黑板上写下了三个字——"送温暖"。

品质总监听后率先站了起来,说:"我来说说我们品质部能送点什么。"

首先，从自己做起，SQE（供应商质量工程师）的职责必须明确下来，SQE所管辖的供应商是要与他自己的绩效挂钩的，这也给了SQE去帮助供应商提升的动力，毕竟供应商的来料情况好，他们自己的工资奖金上是有体现的；但是，还是要求人力资源部在这个过程中出台一些要求，比如禁止包括SQE在内的任何公司帮扶人员在供应商那里有吃拿卡要行为，他们有责任跟公司签廉洁保证，对于违反保证协议的人员一定要严惩。

生产总监说："上面那些步骤真的很有必要，但是我觉得不仅仅是SQE的职责，品质总监带队去辅导、帮助供应商建立这种品质管理的体系是更加重要的，而且不仅仅是我们内部的人去辅导，还可以让供应商派员工到本公司学习，在我们的供应商评价体系里，也可以要求他们必须完成咱们公司的品质培训以后才能成为合格供应商，我们可以建立基于公司要求的内部9001质量管理认证体系，让供应商取证获得成长。"

采购总监说："我就补充一点，咱们去人家那里辅导也好，或者用咱自己的咨询公司去帮扶也好，一是必须师出有名，二是必须签订相应的协议，这种帮扶可以不要钱，但是必须有效果，咱只要有行动，就必须在协议的框架内进行工作，不要浪费双方的时间，也不要打着帮扶的口号换个地方'摸鱼'，一旦有超出他们帮扶内容的需求可以带回公司找研发部也好，生产部也好再形成新的协议去执行。"

这一系列动作下去，木牛流马制造公司和它的供应商之间确实建立起了非常紧密可靠的合作关系，因为SQE的经常性帮扶，有一次在供应商那里看到竞争对手新动力系统的改造物料，便第一时间把这个信息告诉了公司，公司及时做了技术的优化，才免于受到更大的商场损失，供应商真正成为公司的"手足兄弟"，帮助公司了解了一些产业发展状况信息以及市场上的新工艺、新材料、新技术，也更容易获取相关信息。

公司把相关的措施全部固化在SRM里，对外帮扶的协议里明确提出，虽然帮扶不收取任何费用，但是因为帮扶降低的成本要和供应商平分，直接帮助公司节省了大量采购资金，这种方法比强制性降价，压低供应商单方面利润的效果要好得多。

7. 销售价值链管理，CRM的成单底层逻辑

销售管理，当然是为了公司订单越来越多。任何一个公司都有固定的两条管理线：一条是增量线，通过扩大销售订单获得；另一条是减量线，通过不断压缩成本达成。

CRM核心的功能就是通过科学地管理和控制，让增长持续放大，而其他所有的系统和管理手段都是为了压缩成本。

价值链管理就是管理价值有关的活动，然后把这些价值串联起来，

每一项活动，从生产到采购，再到销售，都有价值项和非价值项，我们管理的核心就是把非价值项识别出来，压缩到最小，因为只要公司开门做生意，大家有行动就会有成本，我们必须控制让大家在有价值的地方做出行动。

大部分公司经常提到的"内耗"，就是非价值部分占据的比例太大，把有价值的部分压缩得太严重，公司的运营成本因此处在居高不下的状态。

对于销售活动来说，也是有价值链存在的，围绕这条链进行管控就可以帮助企业提升销售管理效率，CRM的核心控制功能最好也围绕销售价值链来展开。

（1）按照"销售成单"的进程识别并管控价值链

没有好的过程管理，就没有好的结果，销售如是。

木牛流马制造公司招聘了30个销售人员，第一天销售总监望着这30双充满斗志的眼睛，激动得不知所云，他反复激励员工："什么都会有的。"

话说木牛流马制造公司为什么有这样的魄力呢？公司的整体管理水平提上来了，系统也用起来了，就连供应商的能力都增强了许多，生产部产能增加以后，总经理拿着2025年的战略目标做解码，到销售部这边解码出营业额需要增加3倍，销售总监首先提出两个诉求：一个是人手不够，另一个是钱不够。

关于钱不够的问题，总经理说："既然我们要增加销售订单，相应的销售费用肯定也是要增加的，这个你不用担心。"

总经理左手规划，右手资源，当然是算得比谁都清楚。

"关于人手不够的问题，你提个人数，我知道咱们订单额要达成，人手一定要增加。"

所以，不到一个月的时间，这30个人就通过HRM系统的层层筛选来到了公司任职。因为木牛流马行业里的公司本来就不多，大家都处在快速扩张期，本行业内的销售人才挖是挖不来的，所以这30个人没有一点这个行业的从业经验，但是都有销售经验，只是能力水平参差不齐。

对于能力水平参差不齐的员工，任何公司都会遇到，这就有点像捏泥人，公司里如果没有一套标准化的人才培养遴选机制，都是以人带人，那就是一人一个捏法。我们看那些有师傅带徒弟的传统观念的公司，徒弟大多带有师傅强烈的个人技术特色和处事风格。所捏的泥人不一样，捏泥人的水平也不一样。

现代企业中这种问题相对来说比较少，我们首先要看有没有标准化，有没有流程，有没有支持流程的系统，这些都有的话就像一个捏泥人的模子，不管你之前是怎样的一块"泥"，放到公司给这个岗位设定的"模子"中，都会长成差不多的样子。出来以后再放到各位"师傅"的手中精修一下，修得好的未来可以升任管理岗位，修得不好的适应一个基础岗位也是问题不大的。

木牛流马制造公司的销售总监是公司的第一个销售人员，也是公司里最能干的销售人员，他对于公司而言，就是开源的一个"神器"，但是销售总监带团队的经验还是非常有限的，这个问题在他只带了七八个有经验的销售人员的情况下很难显现出来。

很快两个月时间过去了，总经理看到因为跑市场过度辛苦熬红了双眼的销售总监，说："给你带30个人，不是让你替30个人工作的，回去好好想想吧，花了一堆销售费用，那个新来的小陈，竟然还跑到国外去卖产品，今天跟我提了辞职，这是找地方来体验生活了吧？你这两个月到底是怎么管的？让你上系统你一百个不愿意，你倒是给我一个好结果啊！"

销售总监没办法，只好去请其他三个总监一起拿主意。生产总监说："你是咱们公司最优秀的销售员，把你的经验给我们分享一下，我们帮你分析分析、总结总结。总经理说的CRM还是要用的，你看咱们公司ERP、MES和前两天上的SRM，都用得挺好，规则其实早就在你的脑子里，但是上系统之前确实需要梳理一下，我们几个帮你梳理梳理。"

潜在客户名单 → 商机评分 → 目标客户清单
关键成单 ← 客户互动 ←

"说说你跑客户的经验，第一步你做了什么？"采购总监问道。

"第一步我是先制作一个潜在客户名单，主要通过跑市场、网上信息搜集先出一个大致的名单，其中一定会有我要的目标客户。"

"所以，咱们销售的管理其实和品质漏斗的原理是非常类似的，商机也是一层一层'漏'下去的，但是前面的信息量一定要够，同样地，对于销售人员的管理考核要从第一层潜在客户开始，系统也要从潜在客户开始管理，销售人员每个月必须有一定数量的潜在客户信息汇总到我们的系统中。"品质总监说。

"那第二步要做什么？当我们有了一定量的潜在客户名录后，你会做什么？"采购总监继续问道。

"第二步就是对潜在商机进行评分，做一个筛选，包括我们现在有没有接触到决策人，对方有没有相关预算，其实有很多经验性的东西可以辅助判断，不过你们这么一问，我还真觉得这块可以设置在系统里，让销售人员填起来，我就能帮助他们做一个筛选。"

"对，就和我们管理供应商的逻辑是一样的，对于商机咱们可以总结一些判断的标准，比如得分70分以上的商机就重点关注，得分50分以上的商机就定时关注，得分低于50分的商机就可以放弃，按照你的经验把这套评分逻辑固化下来，然后放到系统里，分数评价也可以分层，为了避免一些商机因为销售人员没有很好地看清而溜走，可以设定所有的商机评分最后由你来核定。"采购总监补充道。

"第三步要做什么，当你拿到一些有效的商机后？"生产总监继续提问。

"第三步就是根据商机的分数，针对得分在70分以上或者50分以上的部分很有潜力的客户群体，生成一份目标客户清单，然后尝试与他们建立联系，一般现在就是看看能否加到决策人或者负责人的微信，如果能加到起码能够建立联系，我们一般不会贸然打电话进行推销，因为在不熟悉客户的情况下贸然打电话很容易对销售产生负面影响，大家买产品的前提是熟悉销售人员甚至与他们成为朋友，这点也是我做这么多年销售总结出来的经验。"

"所以，第三步如果在系统里设计的话就是首先要确定目标客户，把之前得分在70分以上和部分得分在50分以上的客户群体放到目标客户清单里，然后安排销售人员通过各种方式接近目标客户，加上相关人员的微信，与之建立联系，这块也可以在系统里进行考核，就和我们下发生产计划一样，要求生产达成率在90%以上，我们可以在系统里设定要求目标客户转化为联系者的比例达到60%以上，这也是未来考评销售人员的一个重要指标。"生产总监说道。

"那第四步就是打电话或上门拜访了吧？"

"对，不过打电话或者邀约客户上门拜访的前提是在微信里有过一些互动，比如给客户点个赞，让客户觉得不讨厌你，即便打电话也有接的时候和不接的时候，什么时候打、说什么在这个阶段至关重要，而且作为一个商机转化的关键时期，我觉得这个时期销售人员是应该和我进行沟通的，所以这个阶段的行为管控比较重要，包括怎么快速和客户建立关系。"

"这个阶段，按照生产管理的逻辑，是可以有一些标准化输出的，因为我们的销售人员能力水平参差不齐，他们任何的销售行为和商务行为其实都应该是在一定监控过程中完成的，这个部分也可以备注在系统里由你进行总体把握。"生产总监补充道。

"第五步就是关键成单了？"

"对，第五步就是关键成单，关于这个订单的信息，经你们几位老总一梳理我也看得很清楚了，销售人员再有能力，其实也是步步为营，在关键成单时期，我应该给予他们什么帮助，他们需要什么资源一方面通过面谈确定，另一方面通过系统进行管理，这样确实就形成了销售价值链的管理思路，那这个系统就是非常必要的。"

"你的珠玉在前，我们不过帮你穿穿珠子，但还是要提醒你一下，在营销或者销售计划执行的过程中，除了系统中的这些控制点，还有一条较大的主线，就是计划落地的管理，我仔细和你讲讲。"生产总监说。

（2）以"计划"落地的精细管理控制销售结果

我们的生产计划是根据营销计划进行配置资源的，所以销售绝对不是靠天吃饭坐着等待结果，而是要主动出击，按照公司的战略进行营销计划的设定。

"你招了30个销售员加上原来的，这些人要组织起来朝向一个目标走，这个目标就是完成营销计划，也别怪总经理说你，我都想说你，你怎么能就只计划卖多少台呢？对我来说，什么时候备货、什么时候交货都是非常重要的，我是要排计划的，而且我确实认为咱们公司的营销计划如果只有一个大的销售数字，其实并没有意义，这就是和我们定生产计划说今天做2台，中间怎么达成、怎么配合都没有设置，那计划一定是完成不了的。"

市场营销计划要规定企业各项营销活动的任务、策略、目标、具体指标和措施，然后使企业市场营销工作按照计划有条不紊地进行，从而最大限度地避免营销活动的盲目性和混乱。

"做这个营销计划需要分析市场营销现状，把市场机会识别出来，咱们公司现在有这么多款不同的木牛流马产品，它们适应的目标市场是完全不一样的，然后就根据不同的市场去拟定营销策略，再编制市场营销计划，然后组织营销计划的实施。"

◇ 计划的分解

计划制订好以后，首先要完成计划分解，有效分解的一个指标是大家都接受，一边说着目标太高一边勉强签下的目标责任状对于公司来说没有任何意义。

因为，反正最后大家内心里就没把这个目标当成实际目标，对于年年定目标、年年达不成的公司来说，目标本身就失去了意义。

要完成30个人的销售计划的制订，首先要和相关的区域总监进行计划面谈，包括分析一下区域内的销售情况，从商机池里找出一些具体的商机进行分析，分析行业和区域前景以及与竞争企业相比公司自身的优势，先让大家认为我们已经在一个比较有优势的位置上。

继而提出目标，一定要说明白达成这个目标的可行性，也要和接受目标的人进行平等的双向沟通，一起去制定完成目标的策略，包括在这个过程中会遇到哪些问题，该怎么排除困难，该怎么分配资源，这些问题都要在计划分解过程中谈清楚。

最后才能把计划分解给相关的责任人，这时候签订的责任状才是有意义的，而且要同时定义做到了会怎样，做不到又会怎样。

对于计划分解这件事，要明确分解的指标来自哪里，是公司的战略规划还是其他？确切的数字到底是卖100台还是200台？这个计划除了和销售部有关，和生产部、采购部、品质部有没有关系？他们为了配合最后分解计划的达成，需要承担哪些辅助性的责任？

举个例子来说，客户如果要求缩短交货周期才能多给15%的订单，那么所有的部门就得都能跟上节奏，不然最终影响的就是销售指标的完成。

在CRM里就可以按照这套逻辑完成计划目标的确立、目标分解、销售费用分解以及制定匹配的绩效政策。

其他管理指标还包括销售额及销售量、毛利润、市场占有率、客户忠诚度、品牌知名度、销售费用、客户满意度及投资回报率等指标，这些定量指标都可以在系统里设定，然后定期进行检查。

◇ 计划的下达和跟踪

计划分解好以后就要下达，一个是遵循指标化原则，下达的指标必须有据可依；另一个是遵循接受化原则，只有大家都能接受的指标才是可以被执行的。

一个有效指标的下达不仅仅应该显示出什么是最重要的，也要显示出承接计划的人分别要负责什么，管到什么程度。

除了销售额之外，成本费用控制、产品利润额、客户满意度、管理制度建设及队伍培养也都是相关的重要指标。

要在系统里设定每周或每日看点检表，去监控相关人员的指标完成情况，及时对销售行为和管理行为进行过程管理。

系统存在的意义就是按照时间分配检查相关内容，让大家可以在动态指标过程中进行沟通检查，并且领导者在管理的过程中也可以把相关的要求、建议及改进计划都提到系统里，帮助企业实现管理效率提升。

一个好的销售管理人员不是自己的销售能力有多强，而是善用各种工具和系统实时检视工作进度和结果，并且对评估结果和工作目标进行比较，继而对下属的工作进行辅导和纠偏，帮助销售人员达成使命。

在CRM里可以建立定期报表制度，比如周总结、月总结等，通过周会、月会进行检讨分析。然后在会上，及时关注计划完成情况，并和下属一起制订行动计划，再监控执行。

这么一个循环走下来，从计划设定到计划执行，从系统外到系统内，内外合力，最终实现一个大目标的完美落地。

这也是系统之于我们，我们之于系统的意义所在。

三

新质生产力和首席数据官

三、新质生产力和首席数据官

"物有本末,事有始终,知所先后,则近道矣。"(《大学》)

近几年,我们不断听到"数字化转型""新质生产力""首席数据官"等新鲜词汇,在这些词汇及其背后的方法论以各种形式出现在我们面前的时候,可能我们还是需要去思考一下它们背后的逻辑和关系。

我们先来说一下数字化转型,简单来说,数字化转型就是用数字技术对企业的业务流程、运营方式进行变革。

我们第一部分所讲的七套系统就是运用在数字化转型过程中的,第二部分内容其实是对转型成功背后的逻辑和准备工作进行了细致的讲解。

应用数字化工具并不意味着数字化转型和转型成功,只有对数字化背后的逻辑和工具了然于胸并熟练运用,才能最终扛起"数字化转型成功"的大旗,通过数字化的手段以及智能制造的导入,企业才能全面提升自己的运营效率,才能获得更好的客户满意度。

所以数字化转型有两个阶段:一是业务数字化和流程数字化阶段,这个阶段算是完成了数字化转换;二是通过业务流程的优化和数字化固化来完成数字化升级的阶段。

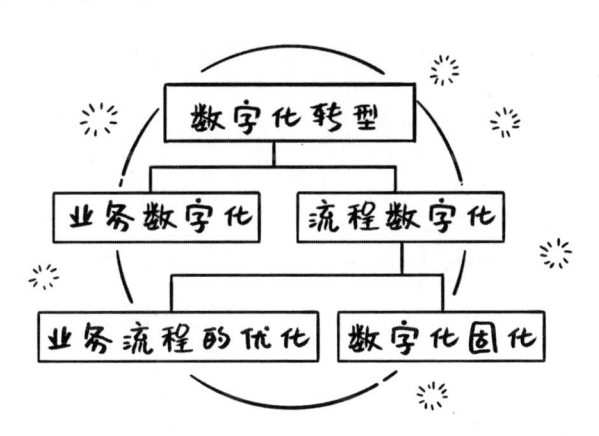

第一部分和第二部分的综合运用就是将这两个阶段合二为一。

我们再来讲讲首席数据官（CDO），CDO在前文中有过介绍，官方定义CDO是企业或组织中负责数据治理、数据管理和数据价值挖掘的高级管理人员。

有了数字化转型，企业最终延伸出很多的数字资源，在全力推进数字化转型的过程中，数字管理机构及管理者的缺失对企业来说有着很大的隐患。

如果没有类似于首席数据官的人存在于企业中，企业就无法识别关键控制点，也就是说企业压根不知道管理和管理之间的逻辑，如果把一套成本很高的运营体系固化下来，那损失一定不会少。

所以，公司的首席数据官首先应该了解公司所有的系统以及系统之间的逻辑甚至是背后的管理要点，这也是本书存在的一个重要意义，就是给所有的首席数据官以及所有未来的首席数据官看，我们希望他们从IT部门或者运营部门中脱颖而出，堪当大任，成为企业数字化转型成功的一大助力。

首席数据官还应该具备深厚的数据技术背景，了解国内外数据安全合规政策，掌握数据安全体系搭建能力，以及熟练掌握数据安全管理流程及数据安全技术保护措施。

那新质生产力又是什么？

官方定义新质生产力是指由科技创新驱动的生产力，具有高科技、高效能、高质量等特征。

新质生产力是相对于传统生产力而言的一种先进生产力形态，代表了生产力的新发展方向。

新质生产力强调创新在生产力发展中的主导作用，通过摆脱传统经济增长方式和生产力发展路径，实现生产力的质的飞跃。

数字化转型正是当今实现科技创新的重要手段，所以通过企业的数字化转型，包括在工具和运营层面引入新的管理技术和工具，帮助企业提高生产效率和产品质量,从而实现生产力的质的飞跃。

在企业数字化转型的过程中,首席数据官通过对数据的深入分析和挖掘,帮助企业或组织更好地了解市场和客户的需求,优化业务流程,提高运营效率,为新质生产力提供了支撑。

所以,一以贯之,新质生产力、数字化转型和首席数据官之间有着互相支持的紧密的联系。

我们需要新质生产力。

数字化转型是实现新质生产力的关键手段,而首席数据官是推动数字化转型和新质生产力发展的重要力量。

这本书存在的意义就在于此,所以,本书的最后部分,就来讲讲新质生产力和首席数据官。

1. 新质生产力

（1）理解生产力

生产力是人们在劳动生产中利用自然、改造自然以使其满足人的需要的客观物质力量。

生产力有三个要素，分别是劳动者、劳动资料和劳动对象。

我们通过衣服制作的场景来理解一下生产力。

如果我们需要制作一件大衣，首先需要布料。如果要得到这块布料就需要有各种线，因为布料是纺织而成的。如果要得到各种线，我们需要从羊身上获得羊毛，从石油里面提取纤维，从田地里采摘棉花。

大衣是通过生产力而诞生的。这个过程中的劳动者就是裁剪衣服的裁缝、制线的工人，还有把羊毛薅下来的牧民、开采石油的工人、摘棉花的农民，等等。劳动对象就是羊、石油等原材料以及由其制作而成的纺线和布料。劳动资料就是加工劳动对象的设备、工具等，劳动者通过使用劳动资料把劳动对象加工成成品。

生产力随着时代的变迁和科技的进步而不断进步，劳动者能力在不断提高，劳动资料也在升级。以纺线这个工序来说，早期劳动者的劳动资料就是双手，用手把羊毛、麻搓成线。后来就有了手动的纺线机，再后来就有了现代的纺线机。

这种生产力要素的升级带来了生产力的逐步升级。

（2）理解新质生产力

"新质生产力"的概念最早是2023年9月由习近平总书记提出的。新质生产力是创新起主导作用，摆脱传统经济增长方式、生产力发展路径，具备高科技、高效能、高质量特征，符合新发展理念的先进生产力质态。

新质生产力由技术革命性突破、生产要素创新性配置、产业深度转型升级催生，以劳动者、劳动资料、劳动对象及其优化组合的跃升为基本内涵，以全要素生产率大幅提升为核心标志，其特点是创新，关键在质优，本质是先进生产力。

所以，新质生产力的核心还是生产力三个要素的组合升级。

创新对新质生产力发展起主导作用，这个创新既包含技术的创新，也包括管理的创新，数字化转型就是一种有效的创新手段，因为数字化不管是对于技术还是对于管理的支撑都非常重要。

新质生产力要求摆脱两个传统：一个是摆脱传统经济增长方式，另一个是摆脱传统生产力的发展路径。

说到传统经济增长的方式，主要是依靠资金和资源的投入来增加产品的数量，推动经济的增长，相对来说比较粗放。

仍以前文中的木牛流马制造企业为例。如果一个工厂一年只能生产1000台产品，如果我们想增加收入，使经济获得增长，方式就是再盖一个工厂，获得土地、招工，然后让产量达到2000台，这就是靠资金和资源增加产品数量的粗放型经济增长方式。

要摆脱这种粗放型的传统经济增长方式，发展集约型经济增长方式，主要依靠科技进步和提高劳动者的素质来增加产品数量及提高产品质量。

到了我们的木牛流马制造企业里，还是这个工厂，我们要实现产量翻倍，首先需要控制不良品数量，降低不良率，这是很重要的。其次，需要提高劳动者的生产效率，看看在生产的过程中有哪些浪费（如七大浪费），把浪费去掉，再提高一些劳动生产率。最后，还要看看有没有好的工艺、好的流程、好的设备，把效率进一步提高，最终达到提高产品产量和质量的目标。

关于摆脱传统生产力的发展路径，我们先要看看传统生产力发展路径是什么。

在过去，我们国家由于拥有人口的红利，传统的生产发展路径是建立在以相对廉价的劳动力组成的产业基础上的，比如代工组装行业，虽然众多的世界名牌产品都是由我们代工、组装的，但是我们所做的是利润最低、附加值最低的那部分工作，只是依托我们的人口红利和劳动者基数优势来获得发展。

我国传统生产力的发展也依托国外的设备和技术，对于创新的关注度不够，我们应该在"创新制造"方面发力。"直接购买或者租用"现成装备在特定的时期是给我国带来了经济发展，但是后劲不足。

对于人才，传统生产力发展过程中，企业认为培养人才的时间太长，无法满足企业发展的需要，直接用现有人才即可，哪怕是行业内互相挖掘人才。

摆脱传统生产力发展的路径，需要聚焦研发，掌握核心技术。这几年我国获得重大突破的航天技术、芯片技术就是新质生产力发展的结果，核心技术必须由自己掌握。

对于人才，也要聚焦于培养。因为只有培养出足够多的人才，才能应对人口红利渐渐消失过程中的生产力发展要求。用有限的资源提质增效，必须依靠人才、依靠变革才能实现。

（3）新质生产力的特征

新质生产力具备高科技、高效能和高质量三大特征，这三个特征也是现代生产力发展的一个趋势。

三、新质生产力和首席数据官

高科技是指在生产过程中广泛应用先进的科学技术成果,包括新的工艺、新的设备、新的材料和新的管理手段等。

木牛流马的生产工厂里不仅应用了新的工艺设备和管理技能,包括通过数字化转型提高产品产量和质量,也同步借助航空技术等研发可以飞的木牛流马,这就是高科技的体现。

所以,在企业发展过程中使用高科技,可以帮助企业提高生产效率和产品质量,同时推动产业结构的优化升级;而使用和探索尖端技术及先导技术,如信息技术、生物技术、新能源技术等都是促使生产力发挥巨大作用的重要因素。

高效能是指在生产过程中能够实现高效率和高效益。

具备高效能的生产力意味着在生产同样数量的产品时,能够消耗更少的资源,减少环境污染,并且缩短生产周期。

这种新质生产力的生产方式不仅可以降低生产成本,提高企业竞争力,还有助于实现可持续发展。例如,通过引入智能化生产线和精益生产管理,进行数字化转型,等等,都可以帮助企业大幅提高生产效率,减少浪费。

所以高效能也是企业人、财、物、数据、技术等要素的极致高效使用，一方面快速实现资源流通，另一方面进行资源的充分配置。

高效能在木牛流马生产工厂里体现为效率极高、成本极低，且没有给环境和资源带来很大的压力，特别是对比过去而言，同样的资源投入获得了更好的回报。

高质量就是不再像粗放经济发展时期那样简单追求数量和增长速度，而要把发展的质量和效益作为首要目标。

对木牛流马生产工厂来说，原来对这个产品的市场要求是有没有木牛流马，这个木牛流马大不大，木牛流马的产量足不足，而现在就要重点关注木牛流马产品的质量好不好，它的性能是否优越，这个产品的外观设计是否优美。

我们的产品必须具有较高的品质并能带给用户良好的体验。对企业的要求就是需要不断提高产品设计和制造水平，加强质量控制和品牌建设，以满足消费者对高质量产品的需求。

高科技、高效能和高质量是新质生产力的三大特征，它们相互关联、相互促进。高科技可以为高效能和高质量提供技术支持和创新动力，高效能则可以保证生产过程的高效益和可持续性，而高质量是高科技和高效能的具体体现和保障。

这三个特征形成了一个互相支撑的"铁三角"姿态，互相促进又相互协作。

（4）新质生产力的内涵和标志

新质生产力以劳动者、劳动资料、劳动对象及其优化组合的跃升为主要内涵。

新质生产力的本质是先进生产力，需要不断优化配置，消除阻碍生产力发展的环节，使各要素向提升新质生产力的方向充分配置。

不管是低附加值向高附加值的转换，还是高能耗向低能耗的转换，抑或高污染向低污染的转换，其实都只是结果，我们需要通过要素的跃迁达成最后的结果。

以劳动者为例，需要打造新型劳动者队伍，包括能够创造新质生产力的战略人才以及能熟练掌握新质生产资料的应用型人才。

这两种人才在木牛流马生产工厂里就是能帮我们提升运营效率的管理者，或者是研发新款产品的工程师，他们就是可以创造新质生产力的战略人才；而熟练掌握新工具的使用方法，比如应用数控型生产设备机器人进行生产的工人就是应用型人才。

劳动对象的跃迁要求拓展劳动对象，既要充分发掘现有劳动对象的潜力，还要不断进行劳动的创新创造。

如果生产之前的木牛流马产品使用的全是木头，那么能不能转换为钢材，因为钢材的强度更高，可以承载更重的物品；或者能不能转化为钢和木头组合的形式，在成本不会大幅增加的情况下尽可能增加产品的强度，这些方法就叫作"劳动对象的跃迁"。

所以，我们的木牛流马生产工厂里引进了先进的机器设备，这就是改进了劳动资料；工厂又组织对员工进行新设备的操作培训，让他们掌握了使用新设备的技能，这种技能可以让工作效率大幅提升，这就是提高了劳动者素质；木牛流马制造企业从销售到生产进行了整体全价值链的优化，包括进行数字化转型，让新的设备和我们的人员紧密配合，这就是优化组合。

将所有的措施综合起来，表达的就是新质生产力。

至于一个企业有没有达到新质生产力，是有一个核心标志的，这个核心标志就是全要素生产率大幅提升。

换句话说，新质生产力并不是企业自己说达到了就是达到了，它是有自己的一套评估方法的。

第一个要素是劳动生产率的提高。

原来一个工人可以生产5个产品，现在可以生产10个，那么就是实现了劳动生产率的大幅提高。

如果对于整个公司来说，大家可以用人均产值来比对劳动生产率，因为公司里有很多辅助性的人员不直接参与生产，但是公司经营中特别重要的一环，那么用人均产值就可以评估整个公司的劳动生产率。

第二个要素是资本生产率。

官方定义中，资本生产率是一定时期内（通常为一年内）单位资本存量创造的产出（GDP），产出越多，资本效率就越高。

"资本生产率"这个概念对比上面讲的劳动生产率来说听起来可能有些复杂，但简单理解一下就是用来衡量你投入的钱和你得到的产出之间的关系的。

我们开了一个木牛流马的小型分厂，投入了100万元去租厂房，买设备，等等。然后，工厂开始营业，每个月承接总厂的订单，能够有一些营业收入。

那么，这些营业收入和最初投入的100万元之间的比例，就是资本生产率。

对于这个小型分厂来说，投入了100万元，如果去年的营业收入是20万元，而今年的营业收入达到了40万元，那么资本生产率就是有较大提升的，这说明投资效率较高；但是要说资本生产率和公司财务数据中的哪个最为相近，应该是与财务数据中的"净资产收益率"的关系最为紧密。

净资产收益率是一个用来衡量股东投资效益的财务指标，它反映的是投资的收益与成本之间的比例。

所以，如果我们希望从企业经营和财务的角度看到一个公司的资本生产率情况，也可以参考这个公司的净资产收益率进行一个关联推演，因为两者是有强相关关系的。

第三个要素是原材料生产率。

原材料生产率，是指以生产过程中投入原材料的重量或价值计算的生产率。

原来一方木头可以做一台小号木牛流马，现在一方木头可以做两台，这样理解就简单多了。

这里，新质生产力有一个"因果"大家可有发现？就以劳动生产率和原材料生产率来说，需要达成这两个指标的提升，就需要以劳动者、劳动资料、劳动对象及其优化组合的跃升为主要手段。

劳动者的素质提升了，劳动资料进步了，那么我们的劳动生产率就可以提升，原材料生产率就可以提升。

作为新质生产力的创新要素，数字化转型和技术革新都是新质生产力全要素生产率提升的催化剂和必要手段，而要进行有效的数字化转型，必不能忽略必要的管理逻辑，而这也是创新中的管理创新的一环。

所以新质生产力是本身就自成方法论，给方法也给结果，而方向和方法必然帮助企业达成结果，同时用结果去考评企业到底有没有按照要求去做。

第四个要素是能源生产率。

原来1度电、10升水可以造一台木牛流马，现在1度电、10升水可以制造两台木牛流马，这就是能源生产率提高了。

与上面的三个特征要素相同，达到这个指标同样需要劳动者素质的提升，比如大家能不能节约一点；需要劳动资料的更新，比如采用了新的设备本身就能够省电省水；需要企业运营的优化，生产流程越来越优化，整体能源耗用越来越低，当然也需要采用数字化的能源管理系统等进行辅助。

综上，新质生产力的特点是创新，包括技术创新和管理创新，关键在于质优，其本质就是先进生产力。

新质生产力是生产力发展的必然趋势，而作为创新要素的数字化转型促进并支撑着新质生产力的发展，数字化转型成功则需要首席数据官机制的导入。

2. 首席数据官养成之旅

彼得·德鲁克说："动荡时代最大的危险不是动荡本身，而是仍然用过去的逻辑做事。"

企业进行数字化转型，在上信息化系统的时候，应该先问一下："请问公司是否有首席数据官？"

"我们有IT负责人。"

"请问贵公司的IT负责人是否也负责公司战略拆解或运营管理，又或者是数据分析或流程优化？"

三、新质生产力和首席数据官

"都不是，我们公司的IT主要负责公司网络维护……"

你是负责战略拆解还是数据分析？

我主要负责修电脑……

本书首先要献给公司未来的首席数据官，因为如果你已经从本书的第一页读到这里，我相信你已经具备了成为首席数据官的必要知识储备，不仅能看懂系统，也看得懂系统背后的运营逻辑，还能和公司最高管理者探讨下"问题"背后的原因。

多年以来，大家一直都在讲不论是公司变革还是数字化转型，都属于"一把手"工程，确实，但是"一把手"是这个工程的总指挥和总负责人，不能连个项目经理都没有，那样的话，这个只有总指挥和小兵的工程，最后大概率会"烂尾"。

很多公司在导入与信息化相关的系统时，领导的第一反应就是要信息化部门负责人去主导，但是我们已经知道每种信息化系统背后都有多种相互牵连又互相制约的关系，并且和现场的管理规则及流程甚至是组织结构息息相关。这许多年里有多少因为"导入系统不力"被迫"下岗"的信息化负责人？

他们在组织中的位置和自身具备的能力，都无法支撑他们总控企业数字化转型的总架构和步骤，平时就以"话语权"较小而所处位置微妙，处在企业中层管理者和基层管理者之间，而此时，将此大任降其肩上，本身就是强人所难，结果自然也在预料之中。

所以，各位企业领导者是时候将"首席数据官培养"作为一个重要事项导入了。

当然，我们所说的首席数据官可以不是一个具体的人，它可以是一种管理机制，也可以是一个管理组织，但是它必须位处公司核心高层管理者之列，直接向总经理和董事会汇报，它也必须有权限对公司的流程和组织提出能促进运营效率提升的改进建议或者措施，并一手负责具体项目的落地。

这些均不是之前那个"懂网络"的信息化负责人可以做到的。

我们讲完了这些系统及其背后的管理要求，以及新质生产力的创新因素之一——数字化转型，最后就来讲讲公司数字化转型的关键人物或者组织首席数据官如何养成。

（1）人物画像

很多领导者脑子里又闪现出一个想法：这个职能这么重要，那挖一个人或者团队过来是不是最省时省力的做法？我们要实现企业的快速转型，挖人才过来就好了。

如果此时你还有这种想法请回到上一章节新质生产力相关的部分，你就会明白人才还是要自己培养的。

信息化导入或者数字化转型是一项"刮骨疗伤"的变革，且目前国内这方面的人才并不充足，大部分的企业和我们一样，也是一边摸索一边前进，一边培养自己的团队，所以企业必须下功夫去培养和建构自己的专业团队。

关于人才画像的部分，提出以下几个建议。

IT出身的公司信息化部门经理，最好有国内软件大公司8年以上的售前或开发经验，同时最好熟练掌握SQL（结构化查询语言）、Python（一种计算机高级编程语言）、R（一种用于统计计算与绘图的编程语言）等数据分析工具的相关知识，同时要熟悉各种数据处理和数据分析工具，如ETL（抽取、转换、加载）工具、数据挖掘工具等。

这种人才需要在公司运营管理方面进行加强，就是需要恶补管理逻辑。知道系统背后的技术框架是他们的优势，不知道技术背后的管理支持和资源匹配是他们的不足。

如果从现有的运营高层管理者和中层管理者中选培首席数据官，其在系统技术层的这种不足很难在相对短的时间内补足，那么就需要给他配置这种从业年限稍短的IT出身的技术人才作为辅助，让他一边学习技术，一边架构公司的管理和系统之间的逻辑。

当然，除了技术背景，首席数据官还需要具备出色的商业洞察力和战略眼光。

他们不仅需要理解企业的业务、理解市场的趋势，还必须能把关于市场和战略的数据转化为有价值的信息，为企业的战略决策提供支持。

此外，首席数据官还要辅助公司运营部门完成战略的分解，也就是方针展开或者计划设定,并在这个过程中利用数据管理和数据报告给予运营支撑;同时,他们还需要与业务部门、IT部门等各个部门密切合作,确保数据的准确性和一致性。

首席数据官还需要具备出色的沟通和协调能力,特别是"讲故事"的能力,因为他们需要向企业高层汇报工作,用简单明了的语言解释复杂的数据分析结果,也要与各个部门协调合作,解决数据管理和治理中出现的各种问题。

所以首席数据官的画像出来后,我们发现这是一个在数据驱动的现代企业中尤其重要的角色。

他们不仅仅是企业系统以及数据管理和治理的专家,更是企业决策的重要参与者。

好的数据官体系或者职能的存在可以帮助企业将数据转化为商业价值,不断精进企业自身的运营水平,不断降本增效,去推动企业的持续发展。

(2)看懂世界才有世界观——理解杜邦分析法

在新质生产力的特征里,有一项是资本生产率的提升,它对应的是净资产收益率(Return on Equity,ROE)的提升,这篇讲给首席数据官的"经营企业世界观",就从这个指标开始讲起。

一个首席数据官还需要懂财务知识?其实,不只是首席数据官,所有的高层管理者都需要懂财务知识。

对于一个企业来说,最重要的一是"活"下去,二是盈利,公司所有的经营行为都是为了达成这两个目标。当你不知道行为的最终目标是什么的时候,行为偏差就会成为常态,所以我们说财务目标是企业战略目标中最重要的一环,应该是从上而下分解的。

因为新质生产力要求我们实现资本生产率的提升,所以我们必须理解它所对应的净资产收益率的相关知识;而提到净资产收益率,就得用财务中经典的杜邦分析法进行解读。

净资产收益率是杜邦分析法的核心比率。它反映了股东权益的收益水平，即公司利用股东资金产生利润的效率，也就是我们上一个篇章里讲过的木牛流马的分厂投资了100万元，产生了20万元的GDP，这就属于投资产生的收益。

净资产收益率可以进一步分解为两个主要的财务比率，即资产收益率（ROA）和权益乘数。

这样看来似乎杜邦分析法很复杂，但是我们可以把它简单理解为一种评估一个公司到底好不好、有没有发展前景的方法。

资产收益率是一个用来衡量公司赚钱能力的指标，就是看公司所有的资产在一年里总共赚了多少钱。

计算资产收益率的时候，需要用公司一年的净利润（也就是赚的钱减去花掉的钱）除以公司的总资产（也就是公司所有的钱和东西加起来）求得。这个计算结果是一个比率，可以告诉我们公司每一元钱的资产能赚多少钱。

这个指标可以帮助我们看到公司的资产使用效率。

如果企业的资产收益率很高，就说明它能用更少的资产赚更多的钱。相反，如果企业的资产收益率很低，且持续走低，就可能说明公司的资产使用效率有问题，可能需要优化管理或者调整业务策略。

这项指标对于企业来说就是一个"指南针"，能够帮助我们更清楚地看到企业的运营状况及未来的改善思路。

权益乘数表示公司的总资产是股东权益的多少倍。如果这个数据过高，说明公司用了很多债务来扩大规模，虽然可能赚得更多，但风险也更大。

杜邦分析法的核心在于，它把这三个指标连在一起，形成一个链条。所以作为首席数据官的你，也需要通过这个链条，看出公司的财务状况、运营效率以及它的发展潜力。

在公司的任何重大动作后，都要关注这三个指标的变化，及时帮助企业调整经营策略，以确保公司的健康稳定发展。

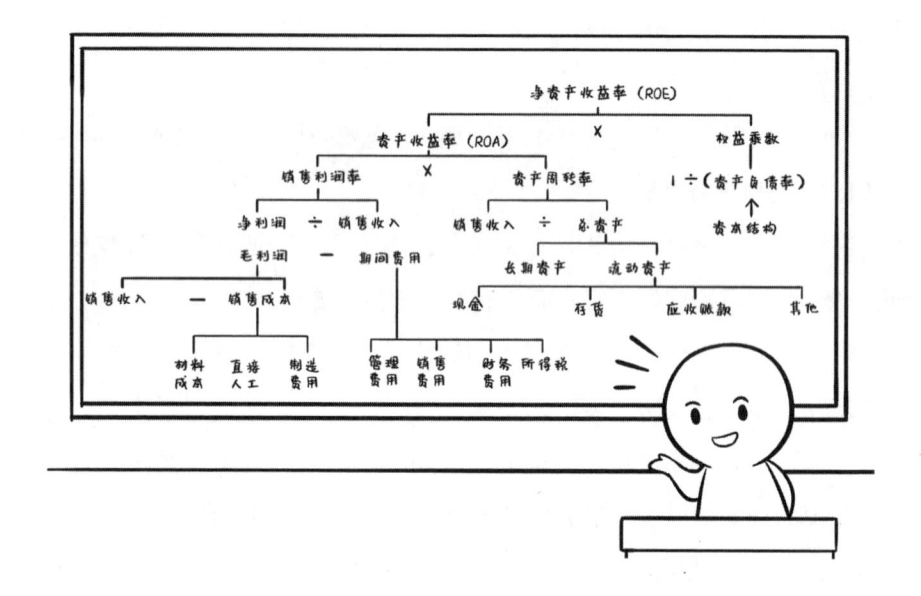

如果想净资产收益率达到我们预期的水平，在每一个管理环节都需要有所动作。

我们上WMS管理库存是要对存货部分进行优化，CRM和SRM辅助我们完成对应收款和应付款的管理。

ERP作为数据中台提供成本管理的核心关键数据，MES对于过程中产生的各种费用进行控制和管理，PLM协助减少研发费用的支出，HRM协助进行人工及管理费用的控制。

这几大系统及背后的管理逻辑撑起了ROE的结果，只有汇集每一层的努力，基于总体目标的分解和策略执行，才会让公司成为一个强大而优质的公司。

这些，就是首席数据官应该有的世界观。

(3) 建立组织

首席数据官得有个"家",这个"家",就是组织。

作为一个公司的首席数据官,你得能在公司立得住,所以得有行政批准,得有"红头"文件,就和评估一个企业是不是真心要做智能制造一样,发"红头"文件,走任命流程。当然,首席数据官的任命必须是全职任命,公司的CEO可以做这个任命,也可以由董事会要求CEO设立首席数据官,但是要明确其高层管理者的地位。

这个环节对于很多国有企业来说就有非常大的难度,因为在短期内"编制"还是很难跨越的一个"槛儿",那么权宜之计只能是从公司分管运营和IT的副总经理中找一位代理人来兼任,然后在他之下去配置全职的首席数据官职位。我们之前也讲过,首席数据官本身可以不是一个具体的人,但必须是一种机制和组织。对于民营企业来说,当数字化转型是必须要走的一步,且非常重要的时候,即便不专门聘请专业的人员担任此岗位,由内部的人来担任这个岗位的时候也最好是全职状态,并且是以"未来高层管理者"为目标去培养的。

一旦有了组织,就可以用组织的方式去运营,从某种角度上来说,一个公司中很多人可以"身兼数职"的情况只能说明这个公司处于一个"作坊式"的运营状态,并没有充分发挥"组织"的力量,而无法发挥"组织"力量的前提就是这个公司根本没有实质的组织形态,一般是领导者在前冲锋陷阵,大家在后随指令而动,这样的公司,"天花板"就是领导者的能力,绝无突破的可能。

所以,不管是数字化转型还是首席数据官,都不能把它视作一个简单的项目,而应将其视为一个可以贯穿企业运营的"灵魂"绳索,它无处不在,与企业的命运息息相关。

这也是首席数据官存在的意义,有了这个名正言顺的"家",就可以去制订这个组织的运营计划,包括这个组织的愿景是什么,使命是什么，目标是什么，然后我们要怎样达成这些目标，就和之前讲的战略一样，一手是未来的成果，一手是我们要的资源。

当你无法用资源匹配成果时，便永远拿不到这个成果，那么这个组织就是失效型组织。

和所有的变革项目一样，作为新质生产力创新手段的数字化转型本身对所有人的工作习惯及公司文化来说，都是挑战。

如果首席数据官要达成的目标是《西游记》中的"西天取经"，那么在这个过程中就必须经历"九九八十一难"，即便是孙悟空，也需要时常去天庭搬救兵，而作为首席数据官的我们，跨越这些磨难和风暴的前提只能是获得高层管理者的支持。

有的人不喜欢向领导汇报工作，但是到此时，就必须管理好这种向上的关系，不然随时可能在"取经"途中下线。

首席数据官本人应该具备创新能力、合作能力、领导力及专业素养，这四种能力缺一不可。

（4）善用助力并练好"内功"

仍以"西天取经"为例，开始唐僧只收了一个徒弟孙悟空，后来又陆续收了猪八戒和沙僧，至此一个取经团队算是正式搭建起来了。

首席数据官的成长之路，可以分为两层：一层是外部的助力有哪些可以用，另一层是自身的能力还需要在哪些方面进行提升。

没有天生的首席数据官，新质生产力对人才的定义是不能全靠"挖"，那么培养和自我成长就成为一条绕不开的路。

本书应该是给所有首席数据官的一份基础认知的礼物，从战略到执行，从计划到实施，包括每一个系统及背后需要关注并改善的管理逻辑，都有全面的解读。

从另一种意义上来说，它可以作为你"取经"路上的"通关文牒"，但是，"取经"的路还是需要你一步步走下去。

第一步，应该去和总经理及高层管理者团队确定下企业的发展战略。

数字化转型决然不能脱离企业的战略单独运行，这样，它会被打得很散，就如我们讲过的今天上一个系统，明天又上一个新的系统，对于企业来说，资源内耗就会非常严重，在企业发展过程中就会产生众多的隐性成本。

当有了战略打底的时候，就会延伸出具体的目标数据，到下一步杜邦分析法的模型中会进一步看到要改善的方向以及它背后需要的工具，那么系统在这个阶段才有了必须存在的理由。

第二步，找到助力，一起扒开系统背后的逻辑。

顶层架构之下会有蓝图绘制，这个时候就是需要寻找助力的时候了。

所谓做局者不入局，当你还是局中人而无法纵观全局的时候，就需要找外部团队和你一起，和你的企业一起看看现在和未来。

那些具备战略架构、战略落地和流程优化的咨询师团队，可以在这个时候助你一臂之力，原因是，他们在局外。

我们常听到的一句话是"观棋不语真君子"。一方面是因为这是对弈双方的对决，作为第三方，我们不可轻易插入别人的棋局之中；另一方面是因为他们真的是足够客观，并且有破局的视野和能力。

在本书作者之一闫雅隽老师的另一本书（《精益实践手册——一本小白都能看懂的精益本质指南》）中，要实现精益管理需要具备高维视野，你需要离开现在的位置，从3000米甚至5000米的高度去看企业的运营，这样才不会被片叶障目。

这也是咨询存在的意义，他们可以从更客观的视角去绘制企业的全价值链运行状态，并且帮助企业识别影响战略达成所面对的各种问题，这些问题的呈现都是要在企业进行数字化转型之前完成的。

第三步，和系统逻辑完成融合。

我们之前讲过，要善用信息化公司的资源，请他们绘制出系统操作层逻辑图，然后组织运营部门、IT部门进行逻辑比对和融合。

这部分内容不再赘述，大家可以往前看，最重要的就是要知道改善的方向，一方面是系统的逻辑我要怎么用，另一方面是为了把系统用起来，哪些管理问题是必须识别出来的，然后按照目标、计划的管理逻辑一层层地进行优化再造，以确保未来系统和管理可以融合。

你需要不断增强自己"讲故事"的能力以及把"故事"讲明白的能力，能作为上下沟通的有效"桥梁"，获得上层、中层管理者的支持和信任，这样才能在各方支持下把识别出来的问题解决掉，也才能在系统导入的时候获得更多的支持而不是反对。

系统导入时一般是最难的，如果冒进，在大家都没有做好心理准备和管理准备的时候导入，就很容易把系统导入"终结"，或者会使实施变得难上加难，这种情况是必须避免的。

第四步，修炼"内功"，除了管理，还需要有技术背景的加持。

首席数据官还需要具备一系列广泛的技术背景，以便能够有效地管理和利用数据。

如果我们公司最后是采用首席数据官机制的方式，那么就要考虑在团队里配置具备相关技术背景的专业人员，包括掌握数据集成、数据质量、数据治理和数据架构的技术，掌握数据分析技术，如数据挖掘、预测建模和统计分析技术，可以从数据中提取有价值的信息。

此外，关于数据安全，包括数据加密、访问控制、数据脱敏等安全技术也需要有所涉猎；同时，有关数据库的原理和可视化表达也是非常重要的技能，毕竟未来的首席数据官是要用数据讲话，要用大家看得懂的方式讲话的。

这时，你应该准备好要成为一个合格的首席数据官了吧！

致谢

感谢你翻到此页,感恩。

每一本书都是吸收了无数本书的智慧与精华而成的,每一个理论和知识都是由无数的学者和老师在不断地实践中慢慢打磨直至熠熠发光的。

这本书,同样如此。

在这漫长的创作旅程中,我们有幸得到诸多未曾谋面的老师的指引与启发。

他们的著作和观点，为我们的思考提供了坚实的支撑，也成就了本书的视野和方法论，这本书因此诞生。

在此，我们怀着无尽的感激之情向这些行业的领导者致以最崇高的敬意。感谢他们为行业的发展、为中国的智能制造、为数字化转型付出的辛勤努力以及做出的贡献。

他们的智慧与洞察力，不仅成就了这本书，更引领着整个行业前行。我们热切期望每一位读者能够关注这些老师的作品与课程，并从中获得更多关于数字化转型和企业管理的真知灼见，为自己的成长与事业的发展注入强大的动力。

在此，我们向吴晓波老师、王天江老师、董海滨老师、安岷老师、丁云峰老师等业界翘楚表达由衷的感谢与敬意。

致敬所有为行业发展与进步做出贡献的老师！

闫雅隽　荆娟

2023年12月